JN439295

겨레시인 성재경 다섯번째 애국시

민족의 영원한 지도자

백범 김구

이 도서의 국립중앙도서관 출판예정도서목록(CIP)은 서지정보유통지원시스템 홈페이지(http://seoji.nl.go.kr)와 국가자료종합목록 구축시스템(http://kolis-net.nl.go.kr)에서 이용하실 수 있습니다.

(CIP제어번호 : CIP2019038258)

겨레시인 성재경 다섯번째 애국시

민족의 영원한 지도자

백범 김구

성재경 지음

도서출판 여름

추천사

'애국시집'으로 농축한 백범의 생애와 사상

백범김구선생기념사업협회 회장 **김 형 오**

지난 주말, 출간을 앞둔 시집 『백범 김구』를 다운로드해 읽으며 잔잔한 감동이 밀려왔습니다. 순간순간 가슴이 뭉클했습니다. 독립운동의 대명사이며 구심점인 백범의 생애와 사상을 절제된 언어로 농축하고 형상화한 성재경 시인의 노고에 깊은 감사를 드립니다.

그동안 『백범일지』를 모태로 수많은 작품들이 창작되었습니다. 평전과 소설은 물론 영화 · 드라마 · 뮤지컬 · 판소리로까지 그 지평을 넓혀왔습니다. 그러나 시집으로는 아직 선보인 적이 없었는데 이번에 그 첫 결실을 보게 되어 마음이 흐뭇합니다. 올해는 특히 3 · 1운동과 대한민국임시정부 수립 100주년, 백범 선생 서거 70주기를 맞은 해라서 더욱 그 의미가 크다 하겠습니다.

김구 선생의 삶은 그 자체가 파란이 많고 곡절이 깊은 대하 서사시입니다. 그 진면목을 만나려면 몇 개의 강을 건너고 산맥을 넘어야 합니다. 시집 『백범 김구』의 저자는 독서와 답사 그리고 고증을 통해 김구 선생의 발자취를 더듬고 활화산 같은 애국 혼을 되살려내고 있습니다. '시로 읽는 백범일지'라 해도 좋을 만큼 선생의 생애를 총체적으로 조명하고 있습니다.

사실 『백범일지』는 문학 작품으로도 손색이 없다는 평을 들어왔습니다. 어떤 대목은 묘사와 서술이 유려하고 세련돼 한 편의 시를 방불케 합니다. 이를테면 김구 선생은 윤봉길 의거 이후 중국 해염(海鹽, 하이옌)의 주씨(朱氏) 별장에 은거할 때 수려한 주변 풍광을 회상하며 시심(詩心)이 깊고 문학적 향취가 물씬 풍기는 이런 감상기를 남겼습니다.

"山上(산상)에서 前面(전면)으로 海上(해상)에 帆船(범선) 輪船(윤선)의 往來(왕래)와 左右(좌우)로 蒼松(창송) 丹楓(단풍)의 種種(종종) 光景(광경)은 自然(자연) 游子(유자) 悲秋風(비추풍)의 感(감)이 있드라."

자연스런 우리말로 옮기면 이런 뜻입니다.

"산 위에서 앞을 내다보면 바다 위에는 범선과 기선들이 오가고 좌우로는 푸른 소나무와 단풍이 어우러졌다. 그 광경은 어쩔 수 없이 떠도는 자에게 슬픈 가을바람의 느낌을 가져다주었다."(나남판 『백범일지』 353쪽)

'겨레시인'이라 불리는 성재경 시인은 지금까지 '애국시집'이란 이름으로 안중근 · 유관순 · 윤봉길 · 이순신

시집을 출간했고, 또 김규식 · 안창호 · 윤동주 · 김좌진 시집을 준비 중이라고 합니다. 해마다 한 권씩이라니 열정과 집념이 대단합니다. 이런저런 행사와 SNS 시낭송을 통해서도 애국시 전파에 힘을 쏟고 있습니다.

시집 『백범 김구』에는 101편의 시가 실려 있습니다. 100편에서 마무리 짓지 않고 한 편을 보탬으로써 뭔가 '끝나지 않은 노래, 계속 이어질 노래' 같은 느낌을 줍니다. 시집을 읽는 독자 여러분 가슴에도 김구 선생의 나라 사랑 · 겨레 사랑 정신과 함께 새로운 시심이 흘러넘치기를 바랍니다. ♠

시인의 말

약속은 지키겠습니다

겨레시인 **성 재 경**

저의 애국시집 5번째 시집이 날아갈 준비를 하고 있습니다.

조국을 위해 목숨 바친 순국영웅에게 일 년에 한 분씩 개인시집을 바치겠노라고 약속하고 저의 문학 혼을 불태우는 시간이 벌써 5년이 흘렀습니다.

사람들은 묻습니다. 한편 쓰기도 힘든 애국시를 매년 100편식 쓰는 비결이 무엇이냐고… 혹 시인이 아니고 시 공장 공장장 아니냐고…

공무원이었던 저는 원 없이 시를 쓰고 싶어 가족을 버리고 가출 했고 15년 동안 시를 찾아 전국을 홀로 떠돌았습니다.

산속 텐트에서도 승합차에서도 몇 해를 살았고 농원 절간, 봉평, 속초, 울릉도 등을 머물다가 떠돌며 시를 주웠고 병천 아우내장터에서 유관순을 만나 뒤집어져서 애국시만 쓰는 시인으로 거듭 났습니다.

자연스럽게 유랑에서 쌓은 내공이 애국시를 쓰는 밑거름이 되었습니다.

저의 모든 것이 소진할 때까지 애국시편은 계속 될 것이고, 한편의 시가 소설 한편 수필 한편 논문 한편이라는 생각으로 계속 안창호, 김규식, 윤동주, 김좌진… 시집을 쓰며 답사와 고증에도 게으르지 않겠습니다.

독립운동 하면 누구나 대명사처럼 떠올리는 분이 김구 선생님 일 것입니다.

그만큼 독립운동사에 중요한 분이었고, 활화산으로 불타올랐고, 조국을 위해 많은 것을 희생했고, 싸움의 기간이 길었고, 임시정부는 물론 많은 일을 하셨기 때문일 것입니다.

한 손엔 독립, 한 손엔 통일을 들고 계셨다고 해도 잘못된 말은 아닐 것입니다.

제가 애국시를 쓰면서 먼저 독립삼남매 안중근, 유관순, 윤봉길을 쓰고 이순신을 쓴 다음 백범선생님을 쓴 것은 모두 연관이 되어있는 중심적인 역할을 하신 분을 쓰기 위함 이었습니다.

그렇다고 비중을 논하자는 것은 아닙니다. 독립을 위해 싸우신 분들 모두 위대한 영웅임에는 틀림없지만 그래도 구심점을 찾는다면 백범 김구선생님이라고 생각했습니다. 독립운동 기간과 다양한 투쟁 그리고 살아서 광복을 맞이했고 통일을 위해 싸우다가 돌아가셨기 때문입니다.

김구시집을 쓰면서 늘 저의 눈은 퉁퉁 부어 있었습니다. 가슴엔 서러운 눈물이 가득 고여 있었고 온 몸에서는 선생님을 향한 무한한 존경이 넘쳤고 일본에 대한 분노가 끓어올랐습니다. 저의 인생과도 상당한 부분 닮아 있어서 더욱 천둥번개 같은 감동으로 다가왔는지도 모릅니다.

그분 삶 자체가 유랑이었는데 저도 15년을 홀로 떠돌았고, 그분이 도피수단으로 스님이 되었다가 기독교로 오셨듯이 저도 산사에서 몇 해 머물다가 기도원교회로 돌아왔고, 그분이 조국을 위해 백범일지를 기록했듯이 저도 조국을 위해 애국시를 쓴다는 부분집합의 작은 공통점이 저의 멘토가 되셨을 것입니다.

앞으로 한일관계는 풀리기보다 꼬이는 일이 많을 것입니다. 일본은 아직도 식민지 망상을 버리지 못하고 있는 사람들이 국가를 다스리고 있나봅니다.

따라서 더러운 침략귀신을 상대하기 위해서는 안중근의 단총 유관순의 태극기 윤봉길의 물통폭탄이 필요하고 이순신의 거북선과 김구의 임시정부 선전포고가 절실합니다. 저의 일본에 얽힌 애국시도 한줄기 맥박이 되기를 소망합니다.

앞으로 일본에 의한 국난이 닥친다면 김구처럼 생각하고 김구처럼 행동하는 김구정신으로 뭉쳐야 합니다.

김구의 눈을 통해서 조국의 현재를 보고 김구의 심장을 통해 조국의 미래를 보아야 합니다.

저의 애국시로 노벨문학상에 도전합니다.

단지 큰 상 받고 유명해지고 싶어서가 아니라 우리 문학이 우리 한글로 쓴 시가 어찌 일본을 능가하지 못하고 일본에 몇 개씩 돌아간 노벨문학상을 왜 못 받았는지 자존심이 상해서 그렇습니다.

제가 받으면 좋겠지만 대한민국 문인 중 누가 받아도 꼭 받아서 문학분야에서도 일본에 대한 쪽팔림에서 벗어나고 싶습니다.

가난한 시인이라서 출판대금을 마련하기 위해 존경하고 사랑하는 사람들에게 김구시집을 미리 구입해 달라고 떼를 써서 나라를 사랑하는 마음으로 보내주신 분들의 성금을 모았습니다. 언제나 고마움 잊지 않고 기도 하겠습니다.

유관순애국시단, 겨레시단 하늘 가족과 벧엘에 살고 있는 나의 가족을 포함한 60명 식구들에게 감사드립니다.

또한 저의 서정시집 절반을 출판하고 애국시집 시리즈를 실비로 출판해 주시는 도서출판 여름 정수연 사장님께 감사드립니다.

- 2019 가을이 오는 길목, 다시 나그네 되어 -

차례

차례

차례

김구가 미래다

과거에서 한 사나이가 현재로 걸어왔다
현재에서 한 사나이가 미래로 걸어갔다
눌러 쓴 중절모와 당겨 낀 둥근테 안경
개인이었다가 단체였다가 민족이었고
혼자였다가 여럿이었다가 국가가 되었다

아내도 자식도 어머니도 떠나보내고
꿈도 사랑도 출세도 포기하고
적과 싸우고 부수고 이겼다
감옥과 쫓김과 죽음이 삶의 전부였다
탈옥과 반격과 애국이 인생 자체였다

대한사람 김구 따라가자
대한정신 김구정신 이어받자
우리 조국에 또 시련이 온다면
아아 침략과 전쟁과 위기가 온다면
김구처럼 생각하고 김구처럼 행동하자
지구별에서 가장 빛나는 나라를 위하여

김구가 미래다
김구는 응어리진 아리랑이다
김구는 끊임없이 피는 무궁화다
김구는 가슴마다 울려 퍼지는 애국가
김구는 이으고 휘날리는 태극기다

김구가 있었다

무너지던 날에 김구가 버티고 있었다
조국이 폭풍 앞에 등불로 깜박일 때
비바람에 살점 뜯기며 김구가 서 있었다

더 이상 밟혀서는 안 되는 민족의 심장
저 독립이라는 드넓은 광야의 시발점
질풍노도처럼 거침없이 달리는 광복 특급

울 시간이 있으면 잠든 영혼 깨워야 했고
흐르는 땀 태극기를 휘감아 닦으며
목숨 따윈 하늘에 켜 놓은 등잔불 이었다

이봉창을 한인애국단 제1호로 특파하고
윤봉길을 제2호로 홍커우공원에 보내어
그 목숨 빚을 안고 울부짖은 오랜 세월

광복된 조국에 이방인으로 돌아와서
통일의 적인 동족과 싸워야 하는
마지막 고독을 죽음처럼 받아들였다

절망의 날에 김구가 있었다
피 흘리는 조국과 손잡고 나란히
역사도 못 말리는 사람 김구가 서 있었다

태궁화

태극기가 무궁화로 피어난 태궁화
그 꽃 속에서 뛰노는 겨레의 심장

해마다 나라 안팎에서 삼천 번 휘날리는 깃발
해마다 한 그루에서 삼천송이 피어나는 꽃
태극기가 꽃이 되고 무궁화가 깃발 된다면
하늘과 땅엔 평화가 가득하리라

1882년 박영효 일본행 배에서 그린 태극기에
백의민족 순백의 배달계 무궁화를 심고
1883년 조선정부 공식 반포 태극기에
흰 꽃잎 붉은 단심 백단심계 꽃을 저미고
1897년 독립문 빨. 노. 파 삼색 태극기에
영원한 사랑 불타는 적단심계 꽃을 수놓고
1945년 한국광복군이 서명한 태극기에
푸른 생명이 숨 쉬는 청단심계 무궁화 넣고
1948년 대한민국 정부수립 반포 깃발에
높은 이상을 노래하는 자단심계 꽃을 담고
1997년 국기규정에 따른 현재 태극기에는
대한의 미래가 아롱진 아사달계 무늬를 새겨

독립삼남매 안중근 유관순 윤봉길 무궁화
이 땅에 피고 지고 피고 지고 또 피어나면
김구 김규식 안창호 윤동주 김좌진 태극기
조국 하늘에 숨결처럼 휘날리게 하라

우리가 살아서 태극기 흔드는 바람이 되고
우리 죽어서 무궁화 꽃피우는 기름 된다면
한라에서 백두까지 태궁화 춤추는 꽃밭이어라

금강송

붉은 비늘 용들이 하늘을 오르고 있었다
해거름 홍학 무리 나래짓이 구름을 부르면
가녀린 두 낱 잎새로 청학 울음소리 들렸다
뿌리 깊은 나무 누천년을 버텨 서서
여러 갈래로 부채살 그림 뽐내는 반송이나
바닷바람 소금바람 검게 견디는 곰솔보다도
백두대간 휘감은 자태 청산마다 푸르렀다

귀 대면 웃고 울고 외치는 아리랑나무
거북선 판옥선 만들어 나라 지킨 이순신나무
훤칠해서 미인송, 속고갱이 누러 황장목
왜인들은 부러 하찮게 적송이라 불렀지만
우리 모든 이름을 잘못 바꾼 무허가 작명꾼들

사람이 아름드리나무보다 더 무겁다
한국의 집을 짓는데 금강송이 대세였고
가장 큰 집 광복의 집은 실한 목숨이 들어
독립삼남매 안중근 유관순 윤봉길과
많은 순국영웅이 기둥으로 받치고

별 같은 독립투사들은 서까래로 들보로
평생을 무겁게 독립을 짊어진 백범 김구가
굵은 먹글씨 안고 대들보로 올랐다
누구를 기둥 서까래 들보로 바꿔도 되지만
따로 단청 안 붙여도 이미 피로 붉은 목재들
영화로다 소나무 같은 조국의 아들딸들아

문화재 목수나 국보급 배무이들도
금강송 만질 때 맨손으로 끌을 치는 것은
이 겨레 혼과 힘줄이 깃든 나무라서
신령한 마음을 촉꽂이로 벼리는 것이다

등뼈가 휘었다

한국호랑이로 엎드려 웅크린 백범선생
등뼈가 초승달처럼 휘었다
평생을 조국에 바친 서러운 훈장이다

우리나라 요즘 지도를 보고 있노라면
산맥과 긴 강들이 활처럼 굽어있다
백두에서 대간 정간 13개 정맥을 타고
두류 금강 설악 오대를 지나 태백산
남쪽으로 달려 소백 속리 덕유 지리산
바다를 맨발로 건너서 한라에 이르러
목뼈 등뼈 꼬리뼈 12 경락 365혈
홍익인간의 튼실한 골격에 급소를 숨기고
두만강 압록강 대동강 한강 금강 낙동강
어머니 젖줄 같은 강들을 품었지만
외부 침략과 내분으로 달팽이 된 등뼈

청청한 준령 하늘을 받드는 영봉들이
신경준의 산경표, 김정호 대동여지도에서
신령한 뿔을 세워 별을 만지고 있거늘

겨우 14달 한반도를 둘러본 일본 학자
고토 분지로의 조선산맥론을 따라서
마천령 낭림 부전령 태백 소백산맥
이 어찌 하찮고 낯설은 이름인가
하여 우리 뼈들은 소라처럼 말려들고
이 나라 영웅들은 죄다 등뼈가 휘었나니
왜놈도 공산당 사회주의도 밀쳐내어
굽은 척추 힘 있게 바로 세워야 한다

겨레의 어머니
- 김구가 조마리아에게

수양산 아래 청계동에서 뵈었네
조국의 지도를 닮은 호랑이들을 키워
조국을 구한 영웅을 만든 어머니를
어둠속에서 떡을 썰던 한석봉 모친보다도
이율곡을 기른 현모양처 신사임당 보다도
이 땅의 어머니 영웅이라 부르겠습니다

맏아들 중근의 항소를 막고 수의를 마련하던
가슴의 통곡을 뼈마디에 숨긴 채
두 아들 정근과 공근을 독립투사로 내어주고
자식보다 나라가 먼저라던 겨레의 어머니

황해도 해주 여인은 다 그리 모진가요
텃골 내 어머니 자식 옥바라지도 힘든데
며느리 떠나보내고 손자 돌봄도 지쳤는데
독립된 나라에서 숨 한번 쉬지 못하고
이국 땅 공동묘지 지하회장 되신 어머니는
아들이 밀정의 총에 맞아 사경을 헤맬 적에
왜놈 총 맞지 않은 것을 부끄러워하라며
독립의 겨울벌판으로 야멸차게 내몰았지요

존경하는 조마리아 영웅이시여
천국에서 우리 곽낙원 어머니 만나시면
안씨 집 아들 삼형제 이야기 할 때
우리 며느리 미생 자랑도 나누시고
옛 김구도 기억하면서 손잡아 주십시오

아비의 가슴

어미만 가슴이 있다고 말하지 마라
엄마만 널 사랑한다고 하지도 말고
어머니 밖에 없더라고 그러지 마라
아비는 황소 눈으로 하늘을 본다

김구선생 어린 세 딸이 차례로 죽을 때
조국을 버리고 싶었을 것이다
딸들의 눈동자가 별처럼 눈에 박혀서
둥근 테 안경을 바짝 당겼을 것이다

고등학교 갓 졸업한 딸을 버리고
유랑 길 떠나 강물처럼 떠돌던 나는
숫한 세월을 아비 가슴으로 울고
부모도 못되는 후회의 눈물 뿌렸었는데

어미처럼 울부짖고 머리 헝클지 않아도
엄마처럼 소리 지르며 나뒹굴지 않아도
어머니처럼 정화수 떠놓고 빌지 않아도
아비는 곡괭이로 심장을 찍는다

착하고 용감한 조국의 딸들을 보며
김구선생 눈딱지 삶을 나도 쓸어안고
사랑 해야겠다 아비 가슴으로
내 딸처럼 이 땅의 딸들을 사랑 해야겠다

위대한 연결

백두에서 한라까지 산맥이 이어졌듯이
동해 남해 서해 조국 바다로 펼쳐졌듯이
독도에서 마라 가거 백령 섬들이 가듯이
유구한 역사의 강물도 위대한 연결일 때
사람들도 애타는 가슴으로 묶여져 흐른다

강원도 깊은 산에서 베어진 아람나무들이
아우라지에서 뗏목을 타고 평창강으로
구슬픈 정선아라리 가락 흘러내리다가
쏘가리 피라미 쉬리 어린 물고기를 몰고
한강을 파고들다 이윽고 서해로 흘러가면

태백 검룡소 샘물이 시냇물로 흘러내리고
오대산 우통수 샘물이 오대천을 지나며
올망쫄망 흰 옷 입은 옛이야기를 담고
여주 황포돛배 따라 두물머리 접어들면
유서 깊은 서울을 흐르는 어머니의 강

끝없는 연결은 운명의 만남이 된다
고구려를 지키던 용감한 장수들에게서
이순신 김구 별처럼 많은 순국영웅들
그 혈맥의 띠를 두르고 있는 우리는
내 조국 지켜야 하는 위대한 연결이 된다

한글 우리글

어진 임금 세종대왕 우리나라 임금
어리석은 백성들 불쌍히 여기시어
까막눈에 글 밝혀 읽고 쓰게 하려고
눈병 입병 마음병 걸려 누웠다가도
다시 일어나 새 글에 핏줄을 심었다

말하는 걸 쉽게 글로 쓰고
글을 쉽게 말로하면 얼마나 좋을까
ㄱ,ㄴ,ㄷ,ㄹ, 아들음 아,야,어,여 어미음
하늘 한 자락 베어 받듬의 나라사랑 긋고
땅 한줌 파서 세움의 이웃사랑 붙이고
사람을 불러 섬김의 바른 마음 더하고
바닷물 길어 따름의 낮은 마음 꺾었다

왜놈 귀신 나살려라 도망치고
뙤놈 귀신 앗뜨거라 물러가고
불곰 귀신 손사래쳐 멀어가니
비로소 태극 하늘 무궁화 영토로
아리랑 고운 가락 꽃물이 들었다

김구선생 보따리에 임시정부 싸들고
천하를 쫓겨 다니며 독립운동 할 때
찾고 싶었던 품목 순위를 정했을 거고
1순위 영토, 2순위 사람, 3순위에 이것
백범일지에 눈물 글자 새기면서
세종대왕 백성사랑 가슴 물려받았고

시인은 김구와 동지들을 시로 새기며
한글 우리글 좋은 글 세계 으뜸글
세종대왕 흐려진 눈을 물려받았다

위대한 어머니상 시상식

하늘나라에 멋진 시상식이 열렸어요
가장 위대한 어머니 세분을 선정하여
최고의 영예와 영원한 찬사를 드리는
단 한번 처음 제정된 큰상 이었지요
구름처럼 응모자가 몰려들었고
백 명 심사의원이 삼년 걸친 논쟁 끝에
최종 여섯 분으로 압축 되었어요
아들을 위해 이사를 다닌 맹자어머니
불 끄고 떡을 썰었던 한석봉어머니
현모양처로 아들을 교육한 이율곡어머니
모두 당연히 기대했지만 쓴잔을 마셨어요
영광의 얼굴을 공개하면 아마 무서울걸요
왜놈과 전투 중 자주 찾아오는 아들에게
장수는 마땅히 나라를 지켜야 한다며
엄하게 꾸짖던 이순신어머니 변덕현여사
왜놈 흉수를 쏴죽이고 사형 받은 아들에게
항소하지 말고 대한인으로 죽으라던
서릿발 편지 안중근어머니 조마리아여사
밀정의 총 맞고 죽다 살아난 아들에게

왜놈 총에 맞지 않음을 부끄러워하라며
되레 훈계하던 김구 어머니 곽낙원여사
아들의 죽음이 자기 죽음보다 더 아프고
자식이 떠나면 세상이 없어짐을 알면서도
조국을 위해 사랑 제물 드렸던 어머니들
소름끼치도록 공정한 심사로 결정됐는데
끝내 수상을 거부하여 하늘도 울었답니다

쇠실 마을에 가면

바다내음 멀리 날리는 보성 땅끝에 이르러
예전엔 깊은 산골짜기 중 골짜기였을
이름도 정겨운 쇠실 마을에 가면
백범 김구 은신처라 써진 처마아래서
한동안 눈 내려 감고 앉아 있을 일이다

실눈 가늘게 뜨고 보면 보일 것이다
청년 김창수 피 묻은 옷에 무거운 발걸음
인천감옥을 탈출하여 편히 쉬지 못하고
유랑의 나그네로 찾아들던 그 석양 아래
조국을 짊어진 태산 같은 눈동자를

두메산골 사람들도 알아보았다
빼앗긴 나라 구하라고 하늘이 내린 영웅
특별한 사명을 안고 태어난 대한나라 사람
백의종군 하던 이순신 맞듯이 그를 맞아서
황토방 아랫목에 눕히고 별이 보이게 했다

다시 눈을 크게 뜨고 보면 보일 것이다
타국에 가서 잃어버린 나라 세우고
독립을 위해 평생을 바친 투사요 대통령
광복된 조국에선 뜨거운 환영 못 받았지만
통일의 고뇌를 안고 찾아온 국제나그네

옛 사람들은 시오리 길에 황토를 깔아
다시 찾은 조국 다시 만난 김구를 반기고
초로의 나이에 애국뿐인 그를 보내던 날
이순신 명량 보내듯 득량을 떠나보내며
간절한 기도 담긴 현판 하나 내걸었다

추적자

이제 그만 쫓아오너라
일본 멍석말이 물귀신들아
너희에게 문물을 전해준 은혜의 나라
너희 야만을 깨워준 선공의 나라를
침략하고 노략질 했으면 됐지
내 나라 찾겠다는 나를 추적하는 적들아
나는 이미 돼지에게 진주를 던지지 않는다

이봉창은 내가 천왕 죽이라고 보냈다
윤봉길도 내가 장수 죽이라고 보냈다
이덕주 유진만은 조선총독 죽이라고
유상근 최흥식은 관동사령관 죽이라고
내가 권총과 폭탄을 들려 보냈다

너희는 만보산사건 위조하여 이간질했고
9.18 만주사변 한국과 중국을 적 만들어
우리 뜨거운 가슴에 찬물을 부었다
항일독립운동의 새 길을 찾으려 했는데
비싼 현상금으로 나를 추적해 오니

나는 오늘도 숨기에 바쁘지만
너희는 결코 나를 찾을 수 없다

돌아가라 너희 나라 후지산 아래로
내게는 더 이상 관용이 남아있지 않아서
이제는 나도 너희들을 역 추적하여
광복의 그날까지 결코 멈추지 않을 것이다

편지 66

김구선생 66세 10월 아들에게 편지를 썼다
백범일지 상권을 끝마치며 지나온 삶의 여정
조국의 독립과 광복은 얼마나 멀리 있는가
가슴속 희구를 편지에 실어 보냈는데
나도 66세 10월 김구 시집 긴 편지를 썼다
우리는 지금 어디를 향해 가고 있는가
조국의 미래와 간절한 소망을 담아서
내 문학인생 강물에 편지를 띄워 보냈다

김구선생 66세 11월 조국에 편지를 썼다
임시정부에서 대한민국 건국강령을 발표하고
머지않아 광복된 조국을 준비 하셨는데
나도 66세 11월에 조국에 편지를 썼다
내 모든 것을 바쳐 김구시집을 완성하여
통일을 앞당기는 분들에게 힘을 보탤 것이다

김구선생 66세 12월 일본에 편지를 썼다
너희들이 겁도 없이 진주만을 공격했다면
대한민국 임시정부 한국광복군도

일본군을 공격하겠노라고 선전포고를 했다
나도 66세 12월 일본에게 선전포고 했다
독도를 욕심내고 조국의 통일을 방해하면
지금까지 한 번도 보고 듣지 못한
시어폭탄이 후지산 정수리로 쏟아질 것이다

고독에게

내 얼굴이 변했다
살아오는 내내 사람들이 말하기를
고독의 포로로 보여 불쌍하다 했는데
슬픈 모습이 서글퍼 안아주고 싶다 했는데
지금은 자기 고독을 안아달라고 한다

울 시간도 슬픔에게 내어줄 가슴도 없던
김구 선생 대하소설 백범일지를 읽으며
산맥 같고 강물 같은 겨레의 가슴
나도 조국을 위해 사랑이야기를 쓰자
푸른 별 하나가 떨어져 심장에 박혔다

나약한 사람들의 전유물이여
속절없는 영혼의 안치실 같은 고독이여
김구선생 쫓길 때나 절망할 때
너의 슬픈 마법에 걸려 비틀거렸거나
너를 불러 신세타령 한 일 있었는가

이제 내게 조국이라는 새 애인이 생겼다
지금은 좀 지쳐있고 힘들어보여도
내가 목숨 바쳐 사랑할 가치가 있는 연인
그토록 기다렸던 절대 사랑이 찾아왔다
고독아 너는 더 이상 내 사랑이 아니다

조국에 쓰는 편지

나는 조국에게 쓰는 편지다
내가 태어나 평생 독립을 위해 싸우고
가시덤불에서 자고 거친 밥을 먹다가
조국의 통일을 바라보며 달려왔는데
투사의 삶이 서럽게 멈춰지는
이해 안 되는 총알이 두개골을 파고들던
슬픈 조국에게 쓰는 편지다

내 편지 글씨는 휘어져 있다
너무 엉켜서 풀지 못하는 대목엔
양심에 비녀 꼽은 매국노들이 활개치고
굵게 수직으로 그어진 대목엔
누구도 갈수 없는 길 쉽게 걸어간
젊은 영웅들이 물샐틈없이 지키고 있다

원래는 하얀 편지지였는데 지금은 붉다
처음엔 피 잉크로 눌러 써서 선명했는데
지금은 숯 검댕이 얼굴처럼 검다
사람들은 나에게 앉아있거나 눕고

바로 가지 말고 돌아서 가라 했지만
한 번도 그렇게 비겁하게 살지 않다가
어떻게 비겁하게 살 수 있느냐며
내 인생은 몽땅 내가 사는 거라고 썼다

너희는 무엇을 하려하느냐

나는 무수한 도망자다
추적자들에게 잡히기만 하면
조국 독립의 작은 불씨마저 꺼져서
태양이 밝아도 나는 암흑 세상
일경의 집요한 추적을 따돌리고
오늘도 차가운 동굴을 찾아 간다

나에게 기쁜 일은 조국이 웃는 것
나에게 슬픈 일은 조국이 우는 것
나와 피를 나눈 동족이 밀고 할까봐
손 내밀어 악수하기도 두려워
믿음직한 동지를 만나러 거니는 밤길
등불은 어디에서 깜박이는 것이냐

이천만 동포여 잠에서 깨어나라
나라가 없는데 어찌 잠들어 있느냐
잃어버린 조국 빼앗긴 산하에서
너희는 무엇을 하려 하느냐
앉아서 기다리면 일본이 물러가고
독립이 혼자 걸어온다고 생각하느냐

지금은 내가 잡히면 안 되는 시간
밀정들아 너희는 쉬는 시간도 없느냐
이제 조금 열린 임시정부 미닫이 문
그 틈새로 뻗은 검은 손은 누구냐
조국 광복의 발걸음 멈출 수 없기에
오늘도 한줄기 빛을 찾아 간다

청혈인간

그대 날 사랑하지 않아도
난 그대를 죽도록 사랑한다오
붉은 피가 외톨사랑에 멍들어
파란 피가 되어도 내겐 그대 뿐
둘이 마주보고 사랑하면 좋겠지만
애달픈 등짝사랑도 마다할 수 없다오

우리사랑을 방해하는 앞잡이들
우리를 이간질하는 뒷잡이들도
언젠가는 또렷이 알게 될 것이오
내 몸을 돌아 흘러나온 파란 피가
나무가 되고 강물이 되는 날
그대가 하얀 민들레로 피어난 것을

어디 슬픈 사랑이 나 뿐이겠소
사랑을 목숨으로 증거 한 성인들
안중근 유관순 윤봉길 독립삼남매
조국을 구한 공통분모 이순신과 김구
광복을 위해 등불 밝힌 독립영웅들
그들의 피도 대낮처럼 푸르렀는데

내게 무슨 다른 연인이 필요 하겠소
그대가 한번만이라도 나를 안아주고
벌꿀 같은 입맞춤 간절히 바라지만
나의 내장이 훤히 보일 때까지
홀로 짝사랑하다 죽어가도
슬퍼해서 안 되는 나의 운명이라오

평범한 일상

무엇인가 하지 않는 일상은
조촐한 밥상처럼 평범하다
다른 사람을 위해 무엇인가 한다면
특별한 일상이 시작되는 것이다
꿈틀거리면서라도 가는 지렁이는
평범한 세상에서 떠나가는 것이다

나는 왜 젖은 나무토막 주워 다가
잉걸불을 지피고 있는 것일까
왜 내가 태우는 생나무 장작에서
시체 타는 냄새가 나는 것일까
나도 다른 사람들처럼 쉽게
전깃불 환하게 밝히면 될 텐데

모든 만물의 이치는 그런 것이다
자기는 못하면서 누군가 하면 싫어서
너만 애국자냐 따지고 꼬집다가
우듬지 느러지 애써 모아 피운 장작불
찬물 부어 끄고는 연기 나는 입술로
너도 평범하게 살다가라 시샘한다

김구선생 어둠속을 쉬지 않고 걸어서
광복의 용광로에 불을 지폈듯이
누군가는 모닥불이라도 밝혀야 한다
그것마저 꺼지면 살판난 왜인들이
또 대한사람 얕잡아 볼 것이기에
별 찌꺼기 쓸어 모아 별똥불 지피자

하나님만 알고 있다

나 하늘바라기 하다가
미수가 지나고 망백의 어느 날
약간은 서늘한 새벽에
하늘 두레박 타고 오르고 싶지만
그것은 하나님만 알고 있다

사람이 세상에 태어나 많은 일을 하지만
자기 마음대로 못하는 일 두 가지 있다
여자의 마음과 오래 사는 것인데
여자란 어머니를 빼고 하는 말이고
오래 동안 육십 초반에 머물던 평균수명이
칠십 대 후반 아니 팔십 초반에 이르러
성경의 나이 백 이십 세를 꿈꾸는 세상
그러나 결국엔 떠나야하는 것을

목숨 줄이나 늘이면서 비겁하게 사느냐
아니면 김구처럼 용감하게 사느냐
김구냐 아니냐를 결정하면 된다

서정시를 쓰며 말 칼로 마음을 찌를 때는
나를 위해 하나님과 사람을 슬프게 했는데
애국시를 쓰며 내 안의 진을 부수고
조국 위해 하나님과 사람을 기쁘게 함은
오래 사는 것보다 아름다운 삶을 택했던
김구 그 성인의 길을 가고 싶은 것이다

적국의 적

영원한 민족의 지도자 김구선생
칠순 세월 두 아들에게 유서로 썼다는
가슴 시린 자서전 백범일지에
백범을 호로 사용한 내역을 말씀하셨다

하류층 백정에서 백 자를 따오고
평범한 평민에서 범 자를 가져와서
또 하나의 이름 백범이라 쓰셨다는데
보통은 스승이나 도인에게 호를 받거나
중국의 고전이나 높은 학문에서 찾지만
얼마나 조국을 사랑하는 인간적인 별호 인가

당파싸움이 싫어서 평생 초야에 묻혀
민생을 위한 정치와 실행을 글로 썼던
조선의 석학 이익선생은 성호사설에서
임꺽정 홍길동 장길산을 3대도적이라 했는데
천민이었던 그들은 세상의 의적이었고
백정임에도 변혁의 선봉이었던 개혁자들을
김구선생은 깊은 애정의 눈으로 돌아봤다

적국의 적은 우리나라 독립투사들
적국의 사형수는 우리들의 영웅이라서
일본인은 김구를 잡으려고 눈이 뒤집혔지만
서민으로 마지막 순간까지 백성을 돌아 본
백범은 적국의 큰 적 우리의 지도자였다

옷깃

옷깃 스치지 마라
그대 옷깃이 흔들리며 스치면
티끌 바람 마주친 아침 이슬처럼
내 가는 길 주춤거리다가
독립의 날 광복의 날
늦어지고 까마득 멀어진다면
내 명대로 눈감고 못 죽고
죽어서도 지옥 불에 떨어져
하늘나라 못 바라볼까 두렵다

한인애국단 지원자를 모집하고
이봉창을 1호 윤봉길을 2호로
많은 투사들을 전선으로 내몰아
사랑하는 동지 조국의 아들들을
광복의 제물로 떠나보내서
나는 걸음마저 거꾸로 걸었는데

대한광복군 푸른 용사들이여
내 심장으로 칼날이 박힐 때마다
조국의 이름으로 파송하나니
어떤 옷깃도 스치지 마라
내게는 따로 챙길 사랑이 없다
광복이 오고 태극기가 물결쳐도
민족이 통일 될 때 까지는
나는 무심한 진격대로 남는다

김구 탐구 경구(金九 探究 警句)

역사를 탐구하는 사람아
그분은 흘러가는 역사가 아니다
정치를 탐구하는 학자야
그분은 서툰 정치가가 아니다
세대를 탐구하는 점술사야
그분은 고여 있는 세대가 아니다
그래서 이런 경구를 추가 한다
함부로 김구를 탐구하지 마라
그냥 가르침에 따르면 될 일을
뒤집고 쪼개고 따지지 마라
머릿속에 쇳가루만 잔뜩 들은 이들이
김구도 사람인지라 조금 실수하거나
급박한 상황에서 내린 판단과 결정을
평화의 시대 책상머리에서
'잘난 척' 연구에 몰두하다가
존경과 사랑은 홀라당 까먹고
손톱만한 잘못이 마치 전부인양
게거품으로 보리밥 짓는 것은
네가 바로 김구 신을 만드는 것을
정녕 모른다는 것이냐
알면서도 거짓뿌렁 하는 것이냐

내 기억하기론

내 기억하기론
저 산 너머 수양산 아래 마을
낮에는 전쟁놀이를 하고
밤에는 늦도록 책을 읽는
나보다 두세 살 쯤 아래인
불꽃 젊은이를 알고 있었다

내 기억하기론
그는 한.중.러 접경 핫산 근처와
신아산 회령 영산 전쟁터를 누비다가
연추하리 어느 독립군 기지에서
열두 동지와 왼손 무명지를 잘라
피 묻은 손가락으로 하늘에 맹세하는
대한독립 네 글자를 태극기에 새기고
단총 들고 하얼빈역으로 달려가
이토의 심장을 명중하여 조국을 구하고
태극기를 펼쳐 꼬레아우라 외치던
그 절규를 가슴으로 들었다

내 기억하기론
그는 여순감옥 독방에서 6개월 동안
단 한자만 틀린 이백여점 유묵을 썼고
동양평화론과 안응칠회고록을 쓰다가
교수대에서 젊음을 조국에게 돌려줬는데
윤봉길 시신은 어렵게 찾았지만
그의 거룩한 주검은 안개속이어서
멈춰진 역사의 슬픈 기록으로 남았다

내 기억하기론
그의 두 동생도 투사요 전사로
나와 함께 독립을 위해 싸웠고
그들 중의 한 딸은 나의 며느리
조국에서 가장 많은 독립투사 집안
하얼빈 사건으로 내가 감옥에 끌려가
수없이 얻어맞으며 뼈마디 시려도
그 영웅의 일만 생각하면 아픔도 잊고
죽어도 독립과 통일을 위하여
목숨 바치기로 날마다 맹세 했었다

하늘 전차

한인애국단 그렇지 영웅 전차
김구를 책임자로 80명 비밀결사대원
침략자 수뇌부가 있는 곳이라면
국경도 없이 밀어붙이는 애국 탱크지

일본 중심부로 이봉창을 보낸다
히로히토 일본왕을 추격 사쿠라다문에서
조국 응징을 담은 폭탄을 던졌는데
마차가 바뀌었고 폭탄이 약했다
생떼 같은 목숨 하늘 전차되어 사라졌다

중국 중심부로 윤봉길을 보낸다
침략을 자축하는 일왕 생일 천장절
홍커우공원 이중삼중 철벽경계를 뚫고
조국의 울분 담은 폭탄이 날아올랐다
광복을 앞당기고 하늘 전차 하나 사라졌다

한국중심부로 몇몇을 보낸다
만주 다렌에도 유상근 최흥식을 보낸다
관동사령관 혼조와 남만철도 우치다는
비밀전문이 발각되어 빈총만 맞았지만
중국 전역은 영웅들의 격전지가 되었다

임시정부는 도망자 된 김구와 떠돌았고
안창호 이유필 이수봉 김철 등은 체포
일본군은 최후의 발악을 거듭했지만
한국광복군은 마침내 국군의 초석으로
조국을 지키는 든든한 하늘 전차 되었다

주먹 바위

주먹으로 바위를 쳤다
바위 귀퉁이 조금 떨어져 나갔다
아픈 깨달음을 타고 감옥 문이 열렸다
내 나라를 위협하기에 휘두른 주먹
사형수에서 탈옥수가 되었다

바위 주먹으로 일본인을 쳤다
청년 김창수 분노의 주먹이 작렬했다
국모를 죽이고 주권을 빼앗았으니
응징의 첫 단계는 쓰치다 면상 이었다
1896년 황해도 치하포에서의 일이다

인천감옥에 수감된 625일 동안
교육주먹은 무지한 죄수를 일깨우고
젊은 의기는 교도관마저 감동시켰지만
침략자 응징의 길은 험하고 멀었다
끝 단계까지 민족의 지도자로 우뚝 서서
한손엔 광복 한손엔 통일을 움켜쥐고
평생 동안 바위 주먹을 휘두른
주먹대장 백범 김구가 되었다

그의 애국주먹으로 부터
일본 침략 큰 바위가 부서졌듯이
이제 남긴 교훈주먹으로
통일을 이루고 민족이 하나 되어
진정 백범 김구 소원이 이루어지는
우리의 답례주먹이 필요한 때다

령하

내 고향 해주는 빠른 겨울이 산 넘어 오고
단풍이 아직 불타오를 시절에
령하의 찬바람 옷섶을 파고들었는데
조국의 운명이 언제나 빙점 아래라서
내 가슴은 언제나 령하로 떨고 있었다

내 삶은 언제나 령하였다
내 사랑도 까마득 령하였다
중국에서 눈물은 쓴 맛 얼음보숭이
평생 흘린 땀은 짠 맛 얼음보숭이
그래서 내 꿈도 령하에 갇혀있었다

이른 계절 고향에 돌아가고 싶었다
등잔불 어리고 호롱도 아득한 곳
산바람 강바람 흙먼지도 그립고
령하의 냇물에 송사리 떼 보고픈데
나를 바싹 얼리는 건 왜놈 도적떼

고향이 그립지 않은 사람은 정신병자
사랑을 모르는 사람은 누에고치 뻔데기
고향도 산천도 빼앗긴 령하라서
추운 이름 백범이라 지은 것도
내 조국만은 령상으로 올려놓고 싶었다

오너라 속죄별곡

오너라 너희들은 속히 오너라
대한나라를 침략하고 억압한 자들아
흰옷 입은 사람들 피로 물들이며
우리 것을 제 것처럼 모두 빼어가고
영원한 미움의 평행선을 만든 자들아
줄줄이 아니 단체로 허리 꺾어 오너라
옛일이니 잊자 거나 얼치기 몸짓으로
물타기 뒤집기 둘러대기 하지 말고
숨겨놓은 뻐덩니 독니 허옇게 드러내고
이제는 속죄의 벌판으로 달려오너라

김구를 거액 현상금 걸고 죽이려했고
안중근 시신을 어둠에 감춘 비겁함이여
유관순 어린 소녀의 무덤도 허공에 날리고
윤봉길 주검도 쓰레기장 통로에 버려둔
그 무덤으로 꽃다발 들고 오너라
침략도 습관 되면 전염병 같은 것이라서
그 끝은 지옥과 연결되어 있나니
피 묻은 손 흰 깃발 들고 물러가면서도
멀쩡한 나라 두 동강 낸 죄 빌러 오너라

수천 년 고마운 나라 배신으로 짓밟은
침략의 흉수들은 서둘러 오너라
쪽발이라고 싸잡아 욕먹지 않으려면
잘못을 비는 마음으로 게다짝 벗어놓고
우리가 기뻐할 것들 챙겨보아라
빈손으로 거짓으로 와선 못 쓴다
절도요 강도였던 무거운 죄 줄이려면
훔쳐가고 빼앗아간 대한의 국보급 보물들
숨겨놓은 역사의 진실까지 챙겨서 오너라

한사람

그대가 그 한사람이 되라

나는 보았다
자기를 촛불로 태워 별이 된 한사람
한번 지핀 불 영원히 꺼지지 않고
오히려 활활 타오르는 저 불꽃
안중근 유관순 윤봉길 불사신들
그 한사람의 활화산을

나도 그 한사람이 되고 싶었다
젊은 날부터 황혼의 인생까지 오는 동안
투사였고 독립의 전사였던 나는
광복호 선장이 되고 싶었고
통일호 일등 항해사가 되고 싶었다

이제 그대가 그 한사람 되어
젊은 영웅들이 못다 이루고 떠난 꿈
일본인 감옥에서 대한민국 임시정부까지
평생 투쟁만하다 떠나는 슬픈 나의 꿈을
그대여 뜨거운 열정으로 일으켜다오

언제나 주인공은 한사람
과거를 잊지 않고 돌아보는 사람
현재를 미래로 전달해 주는 사람
그 한사람이 필요하다

11월의 시

11월은 굽은 목이 아름다운 달
나무들이 화려한 꽃무늬 옷을 벗고
겸손으로 들어가는 달
처음 시작하는 숫자 1이 두개가 겹쳐
사람들의 마음이 똑같아지는 달
봄부터 씨앗을 틔우고 줄기를 키워
꽃을 피우고 열매를 맺은 흙들이
함께 한 농부들에게 휴식을 돌려주는 달

고희의 나이에 광복된 조국으로 돌아오던
평생을 독립에 바치느라 눈물도 메말랐던
김구선생 늦은 발길이 11월을 걸으며
가슴은 늦가을처럼 소용돌이 쳤을 것이다
김구 혼자의 조국은 아니었고
김구만 조국을 사랑한 것도 아니어서
몇몇 친일파 매국노만 빼어버리면
이천만 동포는 모두 애국자였기에
돌아온 11월은 쓸쓸한 계절이었을 것이다

11월은 용서가 있어 아름다운 달
양분이 부족해서 열매 적은 나무도
흐름 끊겨 물줄기 약한 시냇물도
오랜 세월 타국에서 독립을 위해 싸우던
조국에서 찬밥 된 광복의 동지들도
함께 겨울을 준비하며 어우러지는 달

날마다 애국

날마다 하늘을 바라보듯이
눈을 들어 천상의 노랫말을 들어보듯이
가슴에 꽉 찬 그리움 하나 키워야 한다

나는 나라사랑 왜 두려워 했는가
무엇 때문에 벌벌 떨며 인색 했는가
시간이 아깝고 돈이 아깝고
노력한 만큼 주어지는 것이 없어서
나는 날마다 내 것만 고집 했는가

조국 침략자에게 날마다 쫓기던 김구
날마다 안 잡히고 도망치다 보면
기다려지는 광복의 날 돌아오듯이
광복된 세상 이기주의자에게 쫓기던 나도
잊혀 가는 독립투사 찾아다니다 보면
내 인생에도 해방의 날 돌아오겠지

날마다 애국
달마다 애국
해마다 애국
그것은 평생 애국이 되고
죽을 때까지 꽉 찬 애국 키워야 한다

커피를 마시며

오늘도 나는 달달한 커피를 마신다
인생을 쓰게 살아온 사람들
아직도 인생이 달지 않은 사람은
블랙커피를 마시지 않는다

나보다 백배나 쓰디쓴 길을 걸어온
김구선생의 커피는 얼마나 썼을까
커피보다 설탕이 더 많지 않았을까

수억 지구촌 사람들이 마시는 커피
애국자도 매국노도 커피를 보듬고
부자도 가난한 이도 그저 그런 사람도
거룩하거나 사악하거나 적당히 악하거나
커피 잔 앞에서 향과 맛에 취해가지만
커피보다 더 진한 내 나라 내 겨레는
왜 자꾸만 등 돌려 가는 것일까

김구선생이 우리 곁에 계신다면
아니 하늘에서 달달한 커피 마시면서
분명 이렇게 말씀하실 것이다
밥을 먹을 때마다 조국생각 않더라도
마셔도 그만 안 마셔도 그만인 커피
그 작은 여유를 즐기는 시간만이라도
조국을 생각하라 그러실 것이다

태극기 날

너는 깃발처럼 달려오너라
태극기로 하늘을 뒤덮고
콸콸콸 심장을 흐르는 붉은 피로
무궁화 단심을 물들이며 오너라

삼십육 년 동안 어두운 밤을 지새우며
통곡했던 날들은 이제 멀리 떠나라
독립의 날을 태극기의 날이라 하자
광복의 날을 깃발의 날이라 하자

조국을 위해 싸운 투사들
의로운 주검을 감싸던 태극기
눈 감지 못하고 떠나는 동지들
눈 감겨 보내던 어머니 깃발

조국 영광의 날엔 태극기를 들자
뜨거운 눈물의 날엔 깃발을 휘날리자
안중근 유관순 윤봉길 피 묻은 태극기
김구와 임시정부 새까맣게 서명한 태극기
수많은 순국 영웅들 별나라 깃발을

심장을 쏘다

너는 심장을 빗겨 쏘았구나
암살자 안두희여
네가 정확하게 내 심장을 겨냥했으면
나는 죽지 않고 살 수 있었을 것을
독립의 길에서 우심방이 녹고
통일의 길에서 좌심방이 녹아서
심장이 없어진 것을 잘도 알았구나

너는 양심의 소리 듣지 못했구나
꼭두각시 암살자여
조국에게 꺼내주어 뛰지 않는 심장 대신
소금절인 염장을 파고든 너의 총알은
중국에서 박힌 매국노의 총알과는 달리
억장을 무너뜨리는 비겁한 쇠꼽
나를 쏘는 순간 편히 살기는 틀린
네 심장으로 되돌아가
길을 나서면 울분의 주먹이 날아들고
도망쳐도 정의의 몽둥이 찾아올 텐데

너는 악마들의 주구 였구나
정신병자 안두희여
이 나라에 통일 대신 전쟁이 와서
왜놈에게 죽고 공산당에게 또 죽어도
나의 정신 아니 대한민국 정신은
끝내 너 같은 파렴치한 심장을 쪼개어
나의 소원대로 세계 으뜸국이 되리라

이삿짐

이사 가자 봇짐을 꾸려서
달동네 별동네 눌러앉은 곳
얼마나 이삿짐을 더 싸야 끝나는 걸까
해 뜨는 동쪽 아! 꿈꾸는 동쪽
무궁화 강산으로 돌아갈 때까지는

내 고향 해주를 빼앗기고 쫓겨나
나라조차 잃어버린 나그네로
상해 좁은 골목에 둥지를 얹었는데
여기도 무수한 적들의 세상
일본인은 원래 침략자니 그렇다 해도
나를 감시하고 임시정부를 엿보는
내 동족 매국노 밀정 앞잡이들

동지여 소중한 서류 빠짐없이 챙기고
창공에 나부낄 깃발도 접어 넣고
이부자리며 숟가락 젓가락 알뜰히 모아
나는 피치씨 집에서 가흥 해염으로
임시정부는 꾸린 이삿짐 풀기도 전에

항주에서 진강, 장사, 광주, 유주…
사천성 기강에서 대가족이 토교로 가서
7개월 후엔 중경으로 떠나가지만
그 언젠가 서울로 가는 날도 있겠지

멀쩡한 내 나라 놓아두고
중국 땅 머나먼 길을 이사로 떠돌며
밥그릇도 깨어지고 보자기도 찢어져
대륙의 흙먼지에 두 눈이 먼다
고향 땅 그리움에 또 눈썹이 먼다

품속

별들이 하늘 품속에 깃들듯이
꽃이 땅의 품속에 머물듯이
냇물이 바다 품속에 안기듯이
나무들은 또 산에 산에 둥지를 틀지

하얼빈의 전설 중근 동지
삼월의 등불 관순 누이
상해의 별 봉길 형제는
충무공 이순신 영웅의 하늘 속
뜨거운 조국의 품속에 계시는데

내 품속은 서릿발 차가움이 가득차서
이념과 사상이 다른 사람들이
배반의 총칼 들고 오는 품속
우리를 침략한 적은 일본인데
우리는 어찌 동족의 등을 겨누는가

서러운 딸이 어머니 품속에 깃들 듯
돌아온 탕자 아버지 품속에 깃들 듯
흩어진 동지 조국의 품속에 깃드는 날
우리는 앉든 서든 보리라

산은 물의 품속 물은 산의 품속에
별은 꽃의 품속 꽃은 별의 품속에
태극기는 무궁화에게
무궁화는 태극기 품속에
비비고 안기는 평화를 보리라

고맙수다

고맙수다 참 고맙수다
평생 이런 말 들으며 살고 싶었습니다
왜인들에게서 나라를 되찾아줘서
남과 북이 한나라로 살게 해주고
흩어졌던 부모형제 만나게 해주고
무엇보다도 어깨 펴고 살게 해줘서
날마다 때마다 고맙수다
그런 칭찬에 싸여 살고 싶었습니다

… 조국의 오장육부는 모두 그대로
왜인들 총칼에 짓눌려 있는데
심장만 따로 떨어져 중국을 떠돌아
피가 뚝뚝 떨어지는 심장을 들쳐 업고
김구선생 어두운 거리 밤길을 걸어
광복의 빛으로 겨우 나왔는데
이제는 통일을 가로막는 사람들
북쪽 고향으로 돌아가지 못하고…

반갑수다 참 반갑수다
평생 그런 말 나누며 살고 싶었습니다
이 땅에 사는 사람들이 주인 되어서
이웃한 나라들과도 어깨를 나란히
아시아를 넘어 세계 평화 도우며
병들지 않은 건강한 나라 만들어
날마다 때마다 반갑수다
그런 행복에 싸여 살고 싶었습니다

이순신과 함께

누구든 인생의 회갑을 맞으면
욕심도 꿈도 자박자박 내려놓고
어린아이로 돌아가는 첫해가 되는데
새로 청년기를 시작하는 이가 있었다
평생 독립을 위해 가슴을 찢은 김구선생

절망 속에서도 나라의 운명을 걱정하며
장부와 충신의 나아갈 길을 읊조린
이순신의 뜨거운 노래- 세편의 진중음
일본 이중간첩 이시라의 반간계로
도원수 권율이 찾아온 한산섬에서
아무런 대책을 내놓지 못하고 떠나보낸
아득한 슬픔을 푸른 바닷물에 씻으며
임금부터 백성 아니 조국의 초목까지도
눈물구름 덮여가던 천하제일영웅 이순신

임진왜란 정유재란 보다 더 어두운 세상
광복에 목말라 가슴 타들어가던 김구선생
저무는 팔월 하룻날 먹을 갈아
묵운이 심장에서 실핏줄로 퍼질 때까지
이순신을 썼다 진중음을 썼다
명량에서 노량까지 왜구를 쫒던 이순신
목숨 바쳐 지킨 조국을 되찾고 싶어서
회갑 날 잔치 대신 붓끝 칼 세우고
피로 먹을 갈아 선열의 가슴을 썼다

어머니의 강

생각하면 눈이 붓고 목이 붓고 얼굴이 붓는
강물 따라 여윈 손 휘저어 오는 어머니
해주옥에서 인천옥까지 너댓 순검들에게
죄인이 되어 끌려가는 스무 살 아들
수 백리 산길 물길을 힘겹게 따라오시며
손 발 보다 가슴이 먼저 부르트던 어머니는
달빛도 없는 나진포 뱃전으로 나를 끌며
왜놈에게 죽느니 맑은 강물에 함께 죽자
낮은 속삭임 우렁우렁 천둥소리로 들려왔다

진남진 건너편 치하포 밥집에서
한복 속에 칼을 숨긴 쓰치다를
국모를 시해한 미우라나 공범일 거라고
칼날을 피하고 주먹으로 패죽이던 날
국모의 원수 갚기 위해 일인을 죽였노라
나는 백운방 텃골 김창수노라
붓글씨 포고문을 길가 벽에 붙여놓고
피 묻은 손 당당히 집으로 돌아간 한 낮
문지방 부여잡고 속울음 우시던 어머니

그때부터 조국의 강물은 나를 만나면
메마른 어머니의 입술로 울었다
그때부터 어머니 젖줄 같은 강을 만나면
나는 피 묻은 입술로 강물을 울었다
삼천리 피돌기로 흐르는 동맥 정맥 실핏줄
독립 될 때까지 아니 광복이 된 뒤에도
어머니는 손 흔들며 강물에 섞여 흘렀다

이상한 신문

인천 경무청 경무관과 감리사 앞에
감옥의 간수 등에 업혀 나온 청년 김창수
발목엔 차꼬 자국과 고문 상처 선명한데
염병에 걸려 힘든 몸에도 눈이 빛나고
대한남아의 사자후가 울려 퍼졌다

원래 신문은 법관이 죄수에게 하는 것인데
죄수가 법관에게 호통 치는 이상한 신문에
사람들의 가슴은 뜨거워 졌다
국모상 당하여 흰 갓을 쓰고 있는 법관아
원수 못 갚으면 갓 벗는 도리를 모르느냐
호랑이 외침은 창이 되어 날아갔고
비수처럼 지식인의 수치를 파고들었다

영웅에겐 법정도 감옥도 적진도 배추밭
진실은 하늘과 땅 사람을 감동하는데
감리서 경무청 순검청 사령청 직원과
개항 9주년을 맞는 제물포 사람들
인천의 세력가 부자 실력자들 까지
청년의 통쾌한 세 번 신문에 감전되었다

그것은 김구만의 거꾸로 신문이 아니었다
안중근 유관순 윤봉길 불법천지 법정과
조국을 위해 숨져간 투사들의 법정마다
죄수가 법관에게 묻는 신문은 끝이 없었다

걸시승

공주 태화산 아래 산태극 물태극 마곡사에
가슴태극 눈물태극 유랑태극 나그네
일본인을 패죽이고 감옥을 탈출한 도망자
걸시승 하나 떴다
보경대사가 내린 법명은 원종 이었다
도피처나 안식처 같이 평범한 것은
가슴에 큰 강물 같은 물길은 낼 수 없었다

한 짐 바랭이 속에는 태극기와 무궁화 꽃잎
아무리 봐도 불법을 동냥하는 선승 아니고
나라 걱정에 목마른 돌중 같은데
큰 재산 약속도 내려놓고 떠나는 방랑의 길
파계 같은 고기 접시와 시로 쓴 유행가 가락
평양 대보산 영천암 방주는 별거더냐
강마을 산마을 북녘 땅까지 걸시승 떴다

언젠가 원 없이 시를 쓰고파서 가출한 나도
곤지암 태화산 우리절 산문에 들었었다
동봉선사가 내린 법명은 능엄 이었다

춥고 매운 삶을 피하려 바리때를 들고
염불도 아닌 악다구니 쓰면서
언제 일주문을 버려야 하는지 기다리다가
목탁채 몇 개 부러뜨린 공허한 날 깨달았다
산 넘고 물 건너 고행 길을 떠나야할 때를

유랑시인 하나 떴다
머리카락은 허리에 수염은 가슴에 닿고
술독 메고 시를 읊는 나그네 되었다
가슴에 태극기 한 조각 무궁화 한 가지 없이
무심한 떠돌이 서러운 외톨이였다

걸시승 김구와 제자 걸시인 성재경
인생의 애돌림 같은 운명의 길에서
이제는 위대한 스승 영원한 지도자를 따라
나도 역사의 길을 간다
백범의 눈으로 조국의 미래를 보고
김구 가슴으로 겨레의 길을 열고파서
절에 있어도 중이 될 수 없던 열정을 쓴다
마르지 않는 눈물을 쓴다

낮은 자리 앉으소서

스스로 높다고 높아지는 건 아니잖아요
김구선생 성경말씀을 알아들었다
낮은 자리에 앉아 있어도 빛의 사람은
주인이 높은 자리로 인도할 때가 있어서
나중 된 자가 먼저 된다는 진리를

높고 힘 있는 사람이 배를 불쑥 내밀면
불쌍한 백성의 배는 설익은 박처럼 쪼그라져
잘나지도 않은 사람이 바람 좀 탔다고
기차 화통 같은 목소리 되우 재기면
가난한 사람들 귀청은 사시나무 귀때기

임시정부 수장이면 대통령과 다름없어서
광복된 나라에서 내가 바로 김구다
가슴북을 둥둥 쳐대도 되는데
오직 민족의 걱정과 통일을 위해 나아가다
낮은 자리 더 낮은 자리를 찾아간 영웅

높아진다는 것은 외침만이 아니잖아요
김구선생은 위인전 그 자체였다
의인의 삶은 처음부터 끝까지 같아야 하고
내가 아닌 남을 위해서만 존재해야 하는데
오직 그 일에 충실하다 떠났다

진달래꽃 피거든

진달래꽃 피는 날 만나자
너의 이야기 나의 사연 나누다 보면
온 산이 진홍빛 물드는 계절로
누이야
우리 가슴인들 덩달아 붉어지지 않겠니

아리아리 진달래
서러서러 꽃가슴

내 고향은 대한나라 해주 땅 텃골
동방의 작은 정부를 지켜주던 여인아
양자강 노을이 진달래꽃으로 피면
기다리는 눈망울로 반달이 떠오르겠지

한숨두숨 꽃보라
가도가도 물보라

너의 고향은 중국나라 물의 도시 가흥
삼탑만 거친 바람을 외롭게 노 저어 가는
처녀 뱃사공 가슴에 진달래꽃 피면
빈 나룻배 가득 별빛만 실려 있겠지

멀고멀어 고향꽃
피고피는 눈물꽃

진달래꽃 피거든 다시 만나자
진다홍 피 꽃 흐드러진 산촌에
전설처럼 울음도 웃음도 하나가 되면
누이야
우리 눈 속에도 붉은 꽃물 고이지 않겠니

조롱을 박차고

날아라 새야 조롱을 박차고
하늘을 만나자 파랑새야
온몸이 은핫물에 젖을 때까지

인천 감옥 마루 아래 땅굴을 파고
그대는 올림픽 육상선수인가
장대높이뛰기로 안 담을 넘어
먼저 넘겨준 잡범들의 동쪽 소리로
서쪽 정문을 걸어 나온 청년 김창수
그대는 빼앗긴 나라 빠삐용 이었는가
새처럼 어깻죽지 활짝 펼치고
구름 낀 하늘을 올려다보았다

이제는 날아라 새야
양반과 상놈을 박차고
가난과 부자 배움과 못 배움 잘나고 못난
편견들을 박차고 날아올라라
촘촘한 새그물도 뛰어 넘고
폭풍우 돌개바람을 날개로 거슬러서
적들과 맞서는 일만 남아있구나

날아라 전설의 파랑새야
조국의 땅 끝을 돌아 이윽고 중국 땅
별들로 가득 찬 하늘을 솟아올라서
내일의 두려움 떨쳐낼 때까지

백정에게

아버지는 자기밖에 모르는 백정 이었다
아버지가 백정이어서 나도 백정 이었다
김구선생 자기가 백정이라는 말씀이 맞다면
나도 차라리 백정인 것이 다행 이었다
이 세상에 백정 아닌 사람 누가 있는가
아무리 훌륭한 사람도 잘 차려입은 옷 속에
개잡는 칼과 짐승의 피가 묻어 있고
아름다운 여인의 장미꽃 얼굴 속에도
짐승 눈알파내는 섬뜩함이 숨어있었다

스스로 백정이라고 자신을 단속하며
평생을 조국과 백성을 위해 살았던
민족의 지도자 겨레의 구원자 앞에서
백정이 아니고 귀족이라고 외치는 그대여
별빛에 섞여 들려오는 하늘 음성을 들어라
그대가 백정임을 잘 알고 있으면서도
사람들에게 백정을 감추려는 엄청난 슬픔
이제는 추운 욕심 옷 벗어던지고
조국의 따스한 옷 입을 때가 되지 않았나

회복

병이 들긴 쉬워도
건강을 되찾기는 많은 수고가 필요하고
죄를 짓는 건 한순간 인데
죄사함 받기는 엄청난 고통이 따르듯이

나라를 잃어버리는데 불과 몇 년
몇 사람이 움직였지만
우리의 조국을 되찾기까지
수십 년이 걸렸고
수만 명의 죽음이 필요했고
수백만이 피를 흘려야 했다

뒤늦게 회복하려 애쓰지 말고
회복을 미리 앞세워
날마다 웃는 햇살 조국에서
그리운 김구처럼 놀다가 가야 한다

바보 시대

왜놈 시대 일본사람 앞잡이 하던
매국노 친일파 암살자들이
평화 시대 땅 투기 부정축재 돈벌어
독립투사 후손들을 윽박지른다

전쟁 시대 공산당 앞잡이 하던
인민군 빨갱이 살인자들이
냉전 시대 닥치는 대로 긁어모아
국군의 후손들을 멸시천대 한다

백년도 안 된 세월 역사의 교훈을 잊고
바보 시대 사람들 자기 밖에 모른다
조국 품에서 살아가는 감사도 잊고
한심 시대는 애국하면 밥주냐 비웃는다

망각 시대엔 일부러 독립투사를 버린다
안중근 유관순 윤봉길 김구 그리고 수두룩
피가 묻을까봐 가까이 못 오게 하고
슬픔 시대 천분의 일 애국마저 죽어간다

뱀 꼬리 붙잡아 용머리 타고

처음부터 용머리 될 생각마라
뱀 꼬리 붙잡고 비늘에 미끄러지며
용 수염에 대롱대롱 매달린 뒤에야
비로소 용머리 타고 비상하리니

청년시절 전국을 수없이 유랑하며
왜인을 죽이고 감옥살이도 하고
탈옥과 도망자로 숨어 다니다가
절간에서 머리 깎고 팔자에 없는 걸시승
이름도 바꾸는 시련의 날들아
여러 처녀와 결혼도 어긋나고
예수를 믿으며 신학문 교사가 되어
황해도 산하를 배회하듯 떠돌 때도
가슴으로 시린 조국이 걸어 들어왔다

여러 스승에게서 학문과 도리를 배우고
수많은 동지들을 만나며 견문을 넓힌 것은
뱀 꼬리를 잡고 하늘을 오를 수 없어
용머리를 타야함을 알게 한 거라고
부모도 스승도 조국마저 떠나던 날
침략자 일본은 백범을 기억해야 했다

나도 뱀 꼬리를 탔다
모국어가 세계어가 되고
조국문학이 인류문학이 되는 날까지
용 비늘을 거슬러 올라서
일본에게 빼앗긴 겨레의 자존심을 되찾아
용머리를 타고 푸른 하늘을 날아오를 때
일본은 한국문학의 매서움도 기억해야 한다

개명

청년 김창수를 김구로 바꾸었다
이름만큼 유명한 백범이란 호도 붙였다
일본에 의한 창씨개명이 아니다
일본인을 죽여서 탈옥범 도망자 되어
스스로 운명을 개척하는 장년의 이름으로
독립의 대서사시를 쓸 투사의 이름으로
억압에서 민족을 구원할 지도자의 이름으로
새로 태어나는 축복의 이름 이었다

나도 중년에 법원에서 이름을 바꿨다
원래 호적 이름은 덕구였다
사람들은 메리 덕구 똥이라 놀렸다
족보 따라 지은 이름을 예명으로 쓰다가
놀림 받지 않고 자존심 상하지 않고
어려서부터 들어서 어색하지 않는
정겨운 이름 재경을 찾았다
애국시만 쓰는 겨레시인이라 호도 붙였다

누구나 한번쯤 이름을 바꾸고 싶다
놀림 당하는 이름이나 싫은 이름은
망설이지 말고 바꿔야 한다
그러나 이름을 바꾸고도 그 모양 그 꼴
이름값 못할 바엔 그냥 살아야 한다
호적부 학적부 은행 번거롭게 하지 말고
원래 이름 기분 좋게 쓰다 갈 일이다
근사한 호도 하나쯤 붙여볼 일이다

사부곡

아직은 더 사셔야 하는 아버지
언제든 돌아가는 하늘 뭐 그리 급하셔서
아들노릇 기회도 안주고 가셨나요
산속이라 드릴 것이 없어
왼쪽 허벅지 베어 살은 구워 드리고
피는 숟갈로 떠 넘겨 드리다가
고기가 부족해 다시 허벅지를 베었건만
살점은 떼어지지 않고 뼈만 시립니다

눈 덮인 겨울 산속을 헤쳐서
곡괭이가 도로 하늘을 찍는 언 땅도
깊이 파면 아버지 춥지 않으실까
목상여 정든 집을 삐그덕 거리며 떠나서
항아리 깨지는 추위에 노제도 못 지내고
산 꿩 산토끼 조문인사나 받으시며
찢겨진 만장에 묵은 기침소리
향도 앞소리가 상고대 털어 날리면
산역꾼 목축일 탁주조차 변변찮은데
왜 그리 서둘러 떠나셔야 했습니까

아버지 몇 해 더 사셨더라도
이 나라가 독립되지 않는 한 불효일 거고
온 나라가 감옥이라 평안은 없었겠지만
중국 땅을 떠도는 아들이 등 비빌 언덕
미끄러지다 잡고 일어설 기둥이 되어
사부곡 노랫말이 서럽지만은 않았을 텐데
햇살 퍼지는 날 아들이 찾아올 거라고
무덤 잔디에게 아리랑 불러주시는가요

석별

이대로 헤어지겠습니다
이슬 없는 새벽 당신을 떠나겠습니다
당신도 나도 헤어진 줄 모르게
별들이 어둠을 떠나듯 그렇게
그것이 최선의 선택이 아닐지라도
석별의 발길 되돌리지 않겠습니다
눈물에 신발이 젖어 부르튼 발로
이별을 엮은 슬픈 노래 부르며 가겠습니다
끝내는 아라랑을 소리쳐 부르겠습니다

강바람에 나부끼는 여자 뱃사공 머리칼이여
다시는 당신처럼 사랑하는 사람 만날 수 없어도
천사 같은 당신을 떠남이 바보짓인줄 알지만
내가 떠나기로 마음을 굳힌 것은
나는 어쩔 수 없이 이 땅의 사람들을 사랑하고
남녀노소 안아야할 운명이기 때문입니다
이별의 비수로 도려낸 아픈 웅덩이마다
대한사람 위해 흘리는 눈물로 채우겠습니다

얼굴 잊혀지기 전에 마음 먼저 떠나겠습니다
헤어짐을 슬퍼하여 방황하기보다
가슴 깊이 고마움을 새기겠습니다
만나서 서로 사랑하여 감사하고
헤어져도 당신 잘 견딜 것임에 감사하고
다시 만날 수 있다는 미련을 감사 하겠습니다
이별의 선물도 제대로 받지 못한 채
미워지기 전에 서둘러 나를 떠나보내는
별빛 눈물 흘리는 당신인줄을 압니다

푸른 겨울
- 김구가 이재명에게

그해 겨울은 유난히 푸르렀지
성탄절 종소리를 삼일 앞둔 명동성당
군밤장수로 변장한 스물 셋 젊은 그대여
인력거꾼을 제끼고 매국노를 칼로 찌르고
홀로 부르던 대한민국 만세는 청춘 연가

안중근의사 여순감옥에서 붓글씨 쓰던 겨울
벨기에 황제 추도식에서 돌아가는 이완용
조국의 이름으로 찌르고 감옥에 갇혔다가
이듬해 가을 사형장에서 별나라로 갔지만
칼 맞은 역적은 명이 길어 17년을 더 살았지

영원한 매국노의 대명사 이완용은
왜 끝없이 조국을 일본에게 넘겨주려 했을까
그가 망국의 책임자로 그 자리에서 죽었다면
조국에 대한 악행도 거기서 멈췄을 것이고
명동성당 표지석도 주살로 기록되었을 텐데

불타오르던 용감한 그대여 용서해 주오
그 한 달 전 평양에서 노백린과 내가 눈이 멀어
그대 권총을 빼앗듯이 보관하지 않았으면
이완용을 죽여 친일파에게 본보기를 보였고
그대 아내 오인성의 눈물도 덜 서러웠을 텐데

조국에 또 하나 목숨 빚을 지운 영웅
조국이 아파 미국에서 달려온 이재명의사여
나라가 왜놈에게 갉아 먹히던 검은 겨울이
그대로 인해 소나무처럼 푸르러져서
아지랑이 피워 오르는 봄을 부르고 있었지

하늘가는 길에
- 김구가 김일성에게

나 아직 하늘가는 길이다
칠십년 전 사랑하는 조국을 떠나서
사흘길이면 갈수 있는 아름다운 나라에
뒤돌아보고 돌아보다가 이르지 못한 것은
독립을 위해 싸우다 통일을 위해 죽은
내 영혼 아직 시리고 목말라서다

내가 통일하자고 너를 찾아 평양에 간 날
핏발 선 너의 눈에서 통일이 무너져 내렸고
조국은 안중에도 없는 너의 무서운 욕망은
전쟁으로 수많은 목숨을 억울하게 죽여서
남북한을 폐허의 구렁텅이로 몰아넣었고
숙적 일본을 다시 살려 세상을 어지럽혔다

네가 꿈꾸는 공화국은 부질없는 것이다
사람은 양떼나 소떼와는 사뭇 달라서
똑같은 그만큼은 견디지 못하는 속성이
지배계급을 만들고 천하를 웃길 것이고
정신병자 같은 공산 철학을 받들다가
권력의 시녀로 곤두박질 칠 것이다

네 선전대로 항일투사요 애국자라면
일단 민족을 통일하여 지도자에 도전하고
정정당당하게 민심의 추대를 받아서
너의 정치적 야망을 채웠어야 했는데
숙청과 피의 세습은 할 일이 아니었고
너는 영원히 민족의 반역자로 남을 것이다

가슴으로 오는 총탄

안두희여 무엇을 쏘고 싶었는가
반쪽 광복 반쪽 통일의 조국을
온 쪽으로 붙이기 위해서 싸우는
또 하나의 조국을 쏘고 싶었는가
다시 한 번 피 흐르는 산하를 보고 싶었는가

젊음이 아까운 군인아
남이 잘되면 죽도록 배 아프라고 가르친
이조 오백년의 저주를 따르고 싶었는가
다른 사람을 쏘고 나서
누군가 자기를 쏘아 가슴으로 오는 총알을
진땀 흘리며 기다리는 스릴을 위함 이었는가

밝아오는 동녘 청산 푸르른 날에
아무나 쏘아죽이고 싶은 싸이코패스가 되어
무작정 권총을 들고 달려간 곳이
하필이면 그분 고뇌의 산실 경교장 이었는가

민족의 배반자여
굳은 신념이나 사명이 있었으면
독립의 영웅을 쏘고 나서 당당하게
민족과 역사 앞에 개폼이라도 잡을 일이지
쥐새끼처럼 숨어 살다가 죽었는가

추접스런 비겁자 안두희여
배후가 있어 징역도 면제받고 출세했으면
죽기 전에 참회의 고백정도는 있어야지
정의봉에 맞아 늙은 머리통이 터져나가도
끝내 국민들을 우롱하고 떠나가야 했는가

몽우리돌

몽우리돌들이 서대문감옥에 모였다
일본 재판관이 김구에게 말했다
땅을 산 주인이 몽우리돌을 골라 버리듯
일본에게 거역하는 대한사람 가두는 것이라고

세 번째 투옥되어 15년 형을 받을 때
15년 전 법정에서 만났던 와타나베는
자기는 가슴에 X광선을 붙이고 있어
거짓을 알아볼 수 있다고 큰소리 쳤지만
치하포 사건도 탈옥 사건도 모르고
김구 조차 알아보지 못하는 무지렁이였고
몽우리돌 타령이나 하는 일본은
오래 갈수 없는 일천한 민족이었다

몽우리돌이라 여겨주어 고맙구나
내가 감옥에서 나가면 행동을 바꾸어
너희들에게 선전포고 하는 날 있으리라
수많은 몽우리돌의 참 모습을 보여주리라
공중에 매달리고 매를 맞아 8번 기절하던 날
한그루 소나무처럼 학생들을 사랑하던
김구의 가슴으로 백두대간이 걸어 들어왔다

몽우리돌에 태극을 새겨 넣으면
그것은 천지를 흔드는 태극돌이 되어
왜인들이 그렇게 찾아도 잡을 수 없는
대한나라 하늘마루로 우뚝 솟아날 것이다

어느 슬픈 일기에서
- 안명근 사건에 부쳐

친구여 슬픈 역사 한 소절 들어보시게
안중근에게 토마스라고 영세를 주었던 신부
명동성당 주교의 명령을 어기면서까지
중국 여순감옥으로 찾아가 성사를 베풀어
두 달 동안이나 성무정지 받은 빌렘이
사랑하는 안명근 야고보의 고해성사를 들었네

친구여 이 이야기가 꾸며낸 거짓이길 바라네
안중근의 사촌동생 안명근은 독립을 위해
황해도 일대에서 동지들과 군자금을 모았다네
일본 데라우찌 총독을 없앴으면 좋겠다고
대부였던 신부에게 신앙의 양심을 고백했는데
그것은 곧바로 명동성당 주교에게 전달되었지

프랑스 신부 뮈텔의 1911년 1월 11일 일기에
빌렘신부가 조선인들의 음모를 편지로 알려와
눈길을 달려서 경시청에 고발했다고 썼는데
한국 독립은 아랑곳하지 않고 일본에 빌붙어
안중근을 필두로 독립투사 핍박은 기본
안명근과 김구 등 많은 동지들이 잡혀갔다네

일제의 간악한 조작과 허위자백이 덧칠되어
신민회 105인도 일망타진 되었던 슬픈 역사
사형 징역 유배형이 줄줄이 이어졌는데
안중근 안명근을 천주교 신도로 인정하지 않고
3.1운동에도 천주교 인사가 한명도 없다면
친구여 천주의 하늘은 어디에 있었단 말인가

김구 소원 대 시인 소원

하나님이 김구에게 소원을 물으셨을 때
나의 소원은 대한 독립이오 하셨는데
하나님이 시인에게 소원을 물으면
나의 소원은 그분을 잘 쓰는 것이오 할 것이다

하나님이 김구에게 두 번째 소원 물으셨을 때
나의 소원은 우리나라 독립이오 하셨는데
하나님이 시인에게 두 번째 소원 물으시면
그분 정신을 후세에 전하는것이오 할 것이다

하나님이 김구에게 세 번째 소원 물으셨을 때
우리나라의 완전한 자주독립이오 하셨는데
하나님이 시인에게 세 번째 소원 물으시면
그분처럼 겨레가 하나 되는 통일이오 하리라

김구는 조국이 세계에서 가장 아름답기를 원하고
내 나라가 다른 나라를 침략하지 않기를 원하고
최고 문화로 인류 모범이 되는 사명을 원했는데
시인은 순국영웅들이 후세에 기억되길 원하고
그 정신이 인류의 가슴에서 꽃 피기를 원하고
노벨문학상 받아 겨레의 자존심 찾기를 원했다

어머니 나라

어머니는 여자가 아니었습니다
어머니는 사람이 아니었습니다
왜인들과 맞싸우던 독립투사 였고
일본의 만신보다 위에 있는 신 이었습니다

모진 일 중에도 감옥 간 자식 옥바라지며
입에 넣을 풀잎마저 팔아서 군자금으로 보내고
손녀들이 다 죽고 며느리가 먼저 떠났어도
끝까지 손자를 돌보시던 작은 나라 였습니다

몇 번씩 죽으려 했는데 그러지 못한 것은
어머니와 조국 두 나라가 있었던 까닭이었고
몇 번씩 죽을 위기에서 기적처럼 살아난 것도
두 나라의 숨결이 내게 불어 왔기 때문입니다

서럽던 아내의 주검은 내 가슴에 묻고
최준례 무덤이라 한글로 적어 놓았지만
더 서러운 어머니는 빼앗긴 나라에 묻고
곽낙원 광복의 무덤이라 새겨 놓았습니다

6년만 더 버텼더라면 해방을 보셨으련만
팔십 평생 손수 옷을 깁고 밥을 하시다가
독립이 되면 며느리와 고향에 묻어 달라 하시고
화성산 공동묘지 지하회장이 되신 어머니

고향 텃골에서 흙과 함께 사셨어야 했는데
못난 자식 때문에 늘 바람밭에 서 계셨기에
조국을 찾으면 어머니도 되찾을 것만 같아서
어머니 그리운 만큼 독립의 길 달려가겠습니다

밀정

누이여 해질 녘 슬픈 이야기 하나 쯤
조국의 강가 갈대밭에 풀어 놓으면
바람이 잠든 이들의 귓가에 쏟아놓지 않을까
밀정들이 민족의 가슴에 총을 쏘았지
조금 출세해 보겠다고 동포에게 총 쏘고
왜놈 순사에게 얻어맞는 미련둥이 있었지

누이여 몇 사람 갈대처럼 곧은 사람 말고는
대부분 기회주의자로 추락하고 있었어
얼마나 큰 권력자들이 매국노가 되었고
수많은 지식인들이 친일파로 돌아섰는데
양심의 별이라던 시인도 예외는 아니었어
처음엔 그들도 지도자요 동지인 척하다가
민족의 영혼을 갉아먹는 송충이 되었지

누이여 대놓고 밀정질인 불한당도 있었어
그중에 등뼈 같은 무뢰한의 이름을 들어봐
1호 공작 오대근 2호 공작 임영창
그리고 3호가 남목청 주범 이운환 이었지

독립운동 세 단체가 모여 큰일을 하려는데
밀정이 뛰어들며 4명의 투사를 저격했고
현익철 동지는 죽고 김구는 사경을 헤맸지
태어나지 않았으면 좋을 망나니들이
아름다운 별밤을 독한 연기로 가리고 있어

누이여 걱정하고 조심해야 할 것은
잠 못 이루는 바람 따라 갈대밭 이르면
지금도 불 켜지 않은 밀정이 칼을 들고
수북하게 엎드려 숨어있는 슬픈 저녁

가릉의 노래

중국 남경 가릉강 기슭 아름다운 가릉빈관에
독립의 물결 따라 뜨거운 가슴들이 모였네
장개석 총통의 전폭적인 지지에 힘입어
중국 높은 이도 자국 동지들과 어깨를 맞대고
체코 터키 불란서 대사들 좋은 옷 입고 모였네
연합국 외신 기자들이 만년필을 뽑아들고
대한광복군 성립 전례식을 지켜보았네
최고통수부에서 몇 동지들과 함께하던 김구는
토교마을 동감폭포 언덕배기 임시정부 비우고
태극기와 청천백일기가 교차하는 식장에
총사령관 이청천 참모장 이범석 군은 각오와
비장한 가슴으로 대식구가 한자리에 모였네
일본 폭격기 우울한 하늘을 소리 내며 날고
전 세계는 대한민국 광복군을 축복 하였네

아아 슬픈 가릉의 노래여
1940년 9월 17일 뜨거웠던 결사는
이름만 있고 싸움 한번 제대로 못해본 채
미국과 함께한 비밀훈련과 도노반 장군 밀약도
일본의 항복에 빛을 잃었네
태극전사들 역사의 뒤안길로 멀어져 갔지만
이제 대한민국 막강국군이 그 길을 걸어가네

매국노 하나 사세요

하나님 세 가지만 여쭙겠습니다
일제시대 아니 그 전이나 지금도 왜 그렇게
수많은 매국노들이 생겨나는지 궁금합니다
… 그건 태어나지 말아야 할 것들이 태어나
나의 타락천사 꼬임에 빠진 것인데
너희들이 정신 차리고 똑바로 가라는 거야

하나님 김구선생도 매국노에게 애먹었는데
그들을 쥐나 뱀으로 여겨야 하나요
… 그래 너의 지혜가 밝구나
쥐나 독사 벌레들은 지구별 먹이사슬 이지만
매국노 앞잡이는 그마저 아닌 몹쓸 병균으로
어차피 지옥 가겠지만 상종 못할 것들이지

하나님 나라를 팔아먹어서 매국노잖아요
하면 그것들을 시장 입구에서 팔면 사갈까요
… 그렇지 네 지혜가 갈수록 밝구나
제 나라를 배신한 비겁한 인간들은
내다가 팔려 해도 사갈 사람 없겠구나
사과봉지에 묶어 팔면 사과도 안 사갈거야

하나님 하필 사과이고 왜 안 사가나요
… 하하 에덴동산에 가장 흔한 과일이란다
아무리 흔한 과일이라도 매국노에게 가면
단박 썩고 벌레 먹는단다

무궁화 십자가

무덤에 무궁화 십자가 걸어드리고 싶다
성경은 하나님의 약속이고
십자가에 그 약속이 맺혀있다면
도망자로 숨어든 절간을 떠나
독립을 위해 교회에서 동지들을 만나고
빼앗긴 나라 되찾아 통일 이룰 생각에
밤낮없이 하늘 향해 기도하다 떠나셨을
그분 십자가엔 무궁화 꽃 맺혀있을 것이다

나무 십자가에 무궁화 세줄 수놓아
한 줄은 주님 한 줄은 독립 한 줄은 통일
비바람 몰아쳐도 꽃잎 하나 지지 않고
나무십자가 고운 흙에 뿌리내려서
천만년 무궁화로 피어날 고독한 영혼
만세소리 들으며 쉬게 하고 싶다
푸른 창공을 항해하는 대한민국호 선장
영원한 민족의 지도자 김구선생 무덤에

유랑의 추억

죽어가는 조국을 위해 황해도 전라도 경상도
끝없이 유랑하던 충렬남아 김구는
중국에서 임시정부를 이끌며 또 유랑 했다
왜놈과 더러운 동족 앞잡이들의 눈을 피해
8번씩 먼 길까지 청사를 옮겨 다니면서
가족과 동지들 헤어진 채 홀로 떠돌던 세월
조국에 돌아오기 까지 27년 고난의 날들
유랑은 그 일생의 친구였고 연인이었다

공무원으로 잘 살고 있던 내가
무슨 귀신이 씌워 가족을 버리고 가출하여
시어에 불붙이려고 경기도 강원도 충청도
산 속에서 몇 해 승합차에서 몇몇 해
꿈꾸는 나그네 유랑시인이라 써 붙이고
속죄와 그리움으로 사람들 뒤안길을 돌아
십오 년을 외롭게 떠돌며 살아온 날들
유랑은 애국시만 쓰는 시인이 되었다

아들의 무덤

이순신 아들 면은 어머니를 지키려고
왜적과 용감히 싸우다 죽어 아산에 묻혔고
김구 아들 인은 아버지 독립을 돕다가 죽어
중국 남경 화상산 할머니 옆에 묻혔다

이순신 아들 면은 홀로 고향에 남아
명량에서 패배한 앙갚음을 하려고
벌떼처럼 밀려오는 왜군을 맞아서
7년 전쟁이 멈추는 몇 달을 앞에 놓고
아버지보다 먼저 별나라로 떠났다

김구 아들 인은 유능한 독립투사
조국 광복이 몇 달 앞에 와있을 때
중국의 탁한 공기를 따라 들어온 폐병
아내 안미생이 소원한 페니실린 주사
천국에 가서 맞으려고 길을 떠났다

이순신 아들 면은 들꽃 나이 스물한 살
김구 아들 인은 산꽃 나이 스물일곱 살
그렇게 죽어가서는 안 되는 꽃 목숨인데
조국을 위해 죽은 젊은 아들의 무덤
오늘도 풀피리에 섞여 들리는 아린 노래를
조국도 사람도 아무도 기억하지 않는다

처녀 뱃사공

스무 살 처녀 뱃사공 가슴에 물길 낸 사람아
오늘도 물보라 서리는 강물을 노 저어 가면
나라를 되찾기 위해 부릅뜬 호수 눈 보이오
못 배웠다고 사랑마저 모른다 말하지 마오
딴 나라 사람이라 남편 그리움 없다 하지마오
광동말도 모르면서 광동인이라 속이다가
일본경찰에 잡힌 날 난 당신의 아내 였다오

짚신짝 같은 나무배에서 주애보 손을 잡고
별 뜨는 호수를 바라보던 외로운 나그네여
이백억 현상금 붙은 큰 산맥 이었다가
평생 자기 나라 독립밖에 모르던 사람
그들의 희망인 당신은 내 전부 였다오
삼십칠 년 연차가 강물의 나이만 하던가요

팔자에 없는 장진구 이름으로 숨겨주었지만
님의 나라 영웅 이름 김구를 돌려드립니다
이별금 삼백만원 적다고 마음 아파하지 마오
누군들 다시 만남을 기약하지 않으리오
다시 못 만났어도 저 강물에 있는 당신

노 젓는 손목에 한숨처럼 힘이 빠져서
결혼하자 찾아오는 남자가 줄을 이어도
가흥강 물결에 떠다니는 그리움의 안개는
서른일곱 처녀 뱃사공 사랑의 노래
당신이 가르쳐준 아리랑을 부르던 별 밤
경교장에서 하늘로 떠났다는 작별소식 듣고
님 찾아 신발 벗어 놓고 강물에 섞여 갑니다

강변의 독백

나에게 감사하지 마요
당신네 나라 독립 영웅을 섬겼다고
다섯 해 부부처럼 살다가 헤어졌다고
나를 값싸게 동정하지 마요
내 남편이 왜 흉탄에 맞았는지는 모르지만
가흥 강변에 망부석으로 남기 싫어서
사랑했던 낭군 따라 가려고 뱃전에 서 있는데
국경 넘어 수만리 머나먼 길도
사랑의 빛 길은 눈 한번 깜박이는 거리

아시나요 훈장이나 표창 같은 것은
내 사랑의 모독 이라는 걸
진실한 사랑은 그가 떠난 자리에 남아
가슴 부르트는 노래가 된다는 걸
기억 하세요 내 사랑은 내 영혼 이었어요

상을 주시려면 다른 분에게 흠뻑 주시어요
내 남편 목숨을 구해 준 저보성교수와
경찰에서 보증서고 빼내준 아들 저봉장과

도망자와 하루 종일 동행하며 산길 걸어서
산꼭대기 별장에 숨겨준 주가예를 잊지마요
은혜를 잊으면 강물도 노래를 멈춘다오
물속에 녹아있는 내 사랑 찾으러 가는 길
제발 바보 같은 일이라고 방해하지 마요

북으로 간다

나 북으로 간다
통일을 이야기 하자고 김일성 만나러 간다
얼마 전까지만 해도 한나라였고
그 중에는 독립을 위해 함께 싸운 동지들
지금은 적이라니 믿어지지 않아서
무엇이 잘못 되었는지 알아보러 간다

일본은 쫓겨 가는 뒷모습까지 추해서
종이 찢듯 우리를 찢어놓고 물러갔지만
허리를 분질러 무서운 금이 그어진 땅에
지뢰를 묻고 철조망을 쳐놨으니
나 그것들을 부수고 허물어
산은 산끼리 강은 강끼리 이으러 간다

통일은 나 혼자만 하는 것이 아니고
남북의 사람들이 같은 생각으로 만나서
민족의 미래를 우선순위로 놓고
서로 조금씩 양보하며 내려놔야 하는데
주변나라 간섭과 이념 사상이 다르다고
나라를 쪼개려 하는 짓 막으러 간다

나 북으로 간다
이미 한번 죽은 목숨 통일을 향하여
완전한 광복의 땅에 밀알이 되고파
38선에 뼈를 묻을 각오를 안고
누군가 놓아야하는 통일의 험한 오작교
환영받지 못하는 길을 웃으며 간다

둥근 달 속에
- 김구가 안중근에게

둥근 달을 보고 있노라면 떠오르는 중근 형
독립을 위해 싸운 사람을 영웅이라 한다면
그 첫 자리에 님을 올려드립니다

아무것도 할 수 없는 어두운 세상
홀로 빛 한줄기 안고 하얼빈 역에 가던 날
조국 광복의 걸림돌 평화의 파괴자 이토
한국을 일본 영토로 만들려는 절대위기에서
브라우닝 단총은 조국의 울분을 싣고
흉수의 심장을 정확히 과녁 했습니다

일본은 경악했고 중국은 충격에 술렁거렸고
전 세계는 놀랐고 한국은 뜨겁게 달아올라서
나의 확고한 결심도 더욱 굳어지고 단단해져
님처럼 험한 산 거친 들을 달렸습니다

독립전쟁의 신호탄을 쏘아올린 중근 형
효창공원을 다듬어 윤봉길 이봉창 백정기
뜨거운 대장부를 모시는 삼의사 묘역
그 첫자리는 님을 위해 비워두었습니다

여순감옥에서 동양평화론 안응칠 자서전
핏물 찍어 영혼에 새긴 이백여 유묵은
이 나라 보물로 남아 천년을 갈 것이지만
아직도 여순 공동묘지에 외롭게 계신다면
무지개 하나 피워 위치를 알려 주십시오
둥근 달 하나 그 자리에 떨궈 주십시오

붓주머니

고국에 돌아온 꿈같은 여행의 기쁨을
시찰이니 순시니 이상한 용어는 쓰지 말아다오
내 평생 가장 행복한 유람 길인데
48년 전 탈옥수였던 나그네가 숨어들던
남도 길은 이제 눈물겨운 순례길 이려니

진주성 논개의 넋을 달래러 촉석루 오르고
사천 고성을 거쳐 한산섬 제승당에 이르면
이순신장군 어서 오라며 손잡아 주고
조국을 구한 천하제일영웅을 우러르면
회갑 날 님의 진중음을 쓰던 사모의 기억

내 나라는 이리도 찬란하게 빛나는가
여수 순천을 거쳐 이윽고 보성 득량에 이르러
내가 수삼 개월 머물던 은혜의 마을
환영인파에 손 흔들며 차를 내려 걸어가는데
먼저 떠난 이들 소식에 눈물나고나

이순신 백의종군 맞이하던 그때처럼
어딜가나 구름처럼 몰려와 반겨주는 사람들
먹여주고 재워주심에 글쓰기로 보답하던
그럭재 넘어 깊은 산속 쇠실 작은 마을
먹먹한 그리움 김광언 김덕언선생 내 동포여

선정국 모친 안씨 여사가 손수 만들어 주신
긴 세월 부적처럼 간직한 신행선물 붓주머니
동국역대 책표지에 석별의 시 답례 드렸는데
보성읍에서 다시 만나 뜨거운 눈물 흘릴 때
통일된 조국 대한민국 소원할 이유 아닌가

사명

조국을 위해 목숨 바친 위대한 영웅들
세계 어느 나라 사람이 이토록 아름다운가
백의종군하던 천하제일영웅 이순신
독립삼남매 안중근 유관순 윤봉길
아아 백범 김구 그리고 수많은 독립투사들

나는 왜 이 땅에 태어났는가 묻다가
민족의 자존심을 찾으러 노벨문학상 길을 간다
일본에 몇 개 중국도 러시아도 받았는데
수천 년 가꿔온 한국문학은 어디에 있길래
국제적으로 기가 죽고 시쳇말로 쪽이 팔려서

시를 찾아 유랑한 십오 년 열 권 시집으로
내공을 다지고 체험으로 준비된 나그네
하늘이 조국에 보답할 기회를 주었거늘
열정 아끼고 목숨 아껴서 어디에 쓰겠는가
애국시집 쓰다가 죽으면 부끄러움은 벗겠지
금식하며 김구시집 시공장 가동하는데
하루라도 안 쓰면 죽을 것 같은 시 한 줄이
한권의 소설 수필 논문이 될 수도 있어

나도 남들처럼 편히 살면 안 될까 하다가
더러운 왜놈 귀신아 썩 물러가라
잡것들이 어찌 하늘 내린 사명을 막느냐
김구선생 신발 끈이라도 매어 줄 것이다

죄송하지만 사랑하는 당신께 묻겠습니다
당신의 사명은 무엇입니까

국군의 뿌리
- 김구가 한지성에게

진주만을 폭격하여 함선14척 비행기 150대
2천명 사상자를 내며 2차세계대전 저지른 일본
하늘 높은 줄 모르고 인도를 욕심내서
영국군과 인도 버마 접경인 임팔에서 맞섰고
영국연합군은 일본에 정통한 인재가 필요하여
한국 임시정부에 파병 요청이 들어왔을 때
9명 인재들로 조직된 특공대 중국을 떠났지

한지성을 대장으로 문응국 최봉진 김상균
나동규 박영진 송철 김성호 이영수 젊은 용사들
일본어에 능통했고 중국 중앙정치학교 출신
일본에 선전포고한 한국광복군 자격이어서
국군의 최초 해외 파견으로 당당한 연합군

임팔의 영웅 연합군 수호신 한지성대장이여
그대들은 용감하게 죽음의 전선을 넘나들었지
정보수집 선무방송 포로심문 문서해독
왜군에 퇴로 끊긴 영국군 17사단을 구출하여
사단장 코완의 감사와 영국국왕 표창을 받았지

그대는 젊은 나무 국군의 굵은 뿌리
그대 부인은 안중근의사 조카 안금생으로
내 며느리와 형제지간이면 우리는 인척
경북 성주군 가천면 창천동에서 태어나
대구공립상업학교를 졸업하고 중국에 간 것은
빼앗긴 나라를 되찾겠다는 뜨거운 나라사랑
별의 고장을 떠나 조국의 별이 된 영웅이여

그 공원의 별빛
- 김구가 윤봉길에게

덕산에 부모처자 남기고 달려온 젊은이여
한인애국단 뜨거운 선서는 순국의 다짐
나와 시계를 바꿔 차고 공원으로 떠날 때
나는 차마 그 길을 따라나서지 못했다오

안공근 선생의 기념촬영 후레쉬 섬광은
우리의 마지막 살아있는 모습을 거둬가고
홍커우공원 누대로 쏟아지던 별빛 폭탄은
천장절 침략의 잔치를 송두리째 분질렀다오

짐짝처럼 우편선에 실려 현해탄을 건너고
노다산 공병작업장 미간을 파고든 총알과
쓰레기장 통로에 버려진 쓸쓸한 주검은
장부출가생불환 시구절의 마침표였다오

한사람 홀로 전투는 백만대군을 앞질렀고
고독한 일인 혁명은 조국광복을 앞당겨
그대가 그렇게 열망하던 광복이 왔건만
그대는 떠나고 나만 눈물 속에 남았다오

내 가슴엔 어머니 아내 아들보다도
공원으로 떠나보낸 그대가 깊이 자리하여
조국에 돌아와 먼저 일본에서 모셔왔고
효창공원 그대 곁에 나도 묻힐 거라오

우리는 쉽게 만나 너무 쉽게 헤어져
이제 영원히 하늘에서 만날 날 있지만
그대의 소원 독립이 아직 절반이 남고
나의 또 다른 소원 통일도 남아 있다오

심연에서

김구 시집을 안고 죽음의 심연에 들었다
그곳에 민족 역사의 오랜 고통이 있었고
김구선생 평생의 고뇌가 펼쳐있었다

백만대군으로 쳐들어온 수양제 정예병들을
보급로를 끊고 용감히 싸우던 고구려 을지문덕
적 삼십만을 삼천 명만 살려 보낸 청천강
당태종 사십만 대군을 무찌른 안시성과 연개소문
거란 성종의 대군을 이긴 강감찬과 고려인들
우리 선조의 전투력과 지혜는 천하를 울렸는데

중국 유교가 들어오면서 변질된 이조 오백년
당파와 세력다툼으로 백성은 무너지고
충신과 간신은 종이 한 장 차이로 뒤바뀌다가
일본에게 나라를 빼앗길 때 무수한 매국노들
36년 동안 변절자들 세상에서 강산도 변했다

김구선생 일본이 항복한 후 상해로 돌아와
윤봉길의사 폭탄 던진 누대에서 환영답사 할 때
상해인구는 몇 배 늘었지만 왜놈 앞잡이 안 된
독립투사는 열 명 뿐이어서 슬펐다는데

요즘 학생 젊은이 장년 노년들 까지도
백년도 못 된 세월동안 변해도 너무 변하여
김구시집 써서 올리기 너무 죄송하다
열 명 의인이 없어 불타던 소돔과 고모라처럼
상해 열 명도 찾을 수 없는 조국의 심연에서
그분의 굳은 어깨 감싸고 울고만 싶다

활을 당겨라

한산섬 운주당에 가서 보았습니다
소통의 전당 승리의 산실은 보이지 않고
제승당 팻말이 누워 있어 세워 달라 부탁하고는
뒤뜰을 돌아보니 장군께서 기다리고 계셨습니다
시공을 뛰어넘어 바다건너 먼 과녁을 향하여
삿된 것들을 쏘시며 활을 당겨라 하셨습니다

보성 열선루에 가서 보았습니다
수군을 포기하고 육군에 합하라는 명령
어기면 죽는 왕의 지상명령을 어기고 올린
반역의 장계는 화살이 되어 하늘을 날았습니다
죽을 각오하면 무서울 것이 무엇이냐고
옳은 일에는 언제나 희생이 따르는 법
조국의 통일을 위해 화살을 쏘라 하셨습니다

해방된 조국에 돌아와 활을 만들었습니다
중국에서의 투쟁을 통일로 이어가려고
남북한 통치자들을 만나서 활을 쏘았습니다
피 묻은 민족의 화살은 그들의 심장에 박히고
그들이 쏜 총알은 내 심장에 박혔습니다

총이 화살보다 빠르고 무서웠습니다
안중근 단총 유관순 태극기 윤봉길 물통 폭탄
그것은 오직 날선 충무공 화살 이었는데
안두희의 화살은 무서운 총탄 이었습니다
이제는 후손들에게 비겁하게 총을 들지 말고
충무공 정의의 활을 당기라고 하겠습니다

구원자
- 안창호가 김구에게

선생님은 빼앗긴 나라 대통령입니다
멈춰도 쓰러져서도 안 되는 영원한 지도자
하늘에서 내려 보낸 조국의 구원자입니다
독립이 되면 사람들은 한자리씩 차지하고
광복이 되면 선생님은 홀로 빈자리겠지만
민족을 구한 영웅으로 남을 것입니다

윤봉길을 쓸쓸히 홍커우공원으로 보내놓고
임시정부 머릿돌을 움켜쥐고 쏟아 내리던
선생님의 눈물은 조국의 눈물 이었습니다
윤봉길이 가나자와에서 총살형 당했을 때
동지들을 부여잡고 몸부림치던 통곡은
빼앗긴 나라 슬픈 민족의 통곡 이었습니다

내가 안중근 하얼빈의거로 3개월 갇혔고
윤봉길 상해의거로 3년간 투옥된 감옥에서
왜인의 고문과 구타로 치명적인 병을 얻고도
동우회 사건으로 체포되어 병보석 중인데
내 조국을 믿고 맡길 분은 선생님뿐입니다

이제 싸움 없는 나라로 떠나야할 시간입니다
전 국민을 교육시켜 광복으로 나아가며
신민회 흥사단을 만들어 독립을 가져오려고
중국과 미국을 넘나들던 날들도 지나고
생사의 기로에서 얼싸안던 투사들 그리운데
선생님 영광의 그날까지 꼭 살아남아서
광복과 통일의 두 깃발 내가 잘 보이도록
하늘을 향해 힘차게 흔들어 주십시오

상하이 별곡

바람아 불어라 상하이 상하이
내 고향 내 나라 떠나 어디서 산단 말이냐
내 부모 내 백성 떠나 뭘 하며 산단 말이냐
내 산천 내 바다 떠나 뭘 먹고 산단 말이냐
왜놈들 더러운 악취 시체 썩는 피비린내
매국노 비열한 웃음과 앞잡이들 쥐눈 뱀눈
어디로 가야하나 맨발 춤추는 상하이

좋아서 사는 게 아니다 상하이 상하이
내 님은 그리운 고국 황해도 해주 계시고
내 친구들 전라도 경상도 두루 남아 있는데
낮에는 숨어있고 밤에만 나오는 올빼미처럼
잠 고생 밥 고생 목숨 고생하는 동지들과
눈꼬리 불 휑하게 밝히는 상하이

떠나고 싶어도 못 간다 상하이 상하이
내 나라 찾을 때 까지는 할일이 남아서
왜놈과 싸우려면 그래도 숨기 좋은 여기
동지들을 모으려면 만나기 쉬운 도시

일본 천왕 죽이라고 이봉창 동경으로 보내고
왜놈 대장 죽이라고 윤봉길 홍구공원 보내고
나는 도망자, 임시정부를 보따리에 싸들고
제2의 중국 고향을 울며 떠나지만
밝은 날 다시 만나자 상하이 상하이

특별인

그대는 나에게 특별한 사람
이 세상에서 하나 뿐인 사람

빼앗긴 나라 찾으러 먼 길 떠나서
어두운 산길을 헤매고
고독한 광야에 홀로 서 있을 때
나의 호롱에 불 밝히는 그대여
뼛속 기름 짜내어 내 발을 적시면
나는 그저 타오르는 심지 였나니

세상 보통 사람들은 대부분
여자가 남자보다 너댓 살 오래 살아서
살날이 뒤란 장독대 군자란처럼 소복한데
살아있는 것조차 짐이 된다며
머리카락 한 올까지 기름 만들어
송두리째 쏟아 붓고 떠난 사람아

내가 폭탄으로 무너진 지붕 밑
꼼짝없이 잡힌 일본 경찰 수갑 사이나
밀정이 쏜 총알 가슴 박힌 채 살아 난 것도
내 몸에 거룩한 영혼이 기름으로 돌아
미끄러지듯 죽음을 피했기 때문이어라

광복된 조국에 우뚝 솟는 깃발마다
당신 기름에 비하면 보잘 것 없는
눈물조차 아끼는 사람들을 향하여
애써 희미한 웃음 짓고 있는 그대는
특별국 특별촌 보통인의 연인 특별인

일식 일찬

세상에서 가장 무서운 질병은
암도 염병도 뇌졸증이나 심장병 아닌
사람들을 따라다니는 배고픔병 이었다

누구에게 전 재산 식사를 대접한 일 있는가
있는 것 다 털어서 밥 한 그릇 먹여 보내고
돌아서서 소리 내어 울어본 일 있는가

쌀밥에 고깃국은 왜놈에게 다 빼앗겨
보리밥 한 그릇에 김치 하나 밥상에서
자기는 굶어도 자식은 먹이고 싶었던 부모들
울며울며 고향도 나라도 버리고 떠났다

중국에서 임시정부 부여안고 사투를 벌이던
조국 독립 영웅 백범 김구선생
평생 동안 아들 뒷바라지 세월 보낸 어머니가
굶주리는 손자들을 데리고 떠나실 때
뒷모습 보고 돌아서며 서러운 통곡대신

두 주먹을 불끈 쥐었다
집집마다 식당 마다 버려지는 음식들
죄를 받을 만큼 산을 덮고 강을 메우는데
나라가 무엇인지도 모르는 사람들
일식 일찬 소중함을 모르는 젊은이들은
된장국 토종 밥그릇은 내팽개치고
식귀처럼 일본 먹거리 찾아 헤매고 있다

성탄절에 김구를 쓰다

사람이 신에게 가는 길은 얼마나 아름다운가
사람이 영혼으로 사는 것은 얼마나 멋진 일인가
자기를 비우지 않으면 열수 없는 하늘 문
고독해야 보여 지는 그 깊은 비밀을 아는가

김구선생 회갑 날 고뇌의 먹을 갈아
존경했던 선열 이순신을 썼듯이
나도 성탄절에 회개의 붓을 들어
존경하는 스승 백범 김구를 쓴다

어떤 이는 신앙을 도피수단으로 이용했다고
다른 이는 믿음 없는 겉치레에 불과 했다고
김구선생 구도의 길을 물고 뜯지만
예수님 말씀대로 독사의 자식들이다

우리는 그러지 말자 더는 죄 짓지 말자
예수를 죽인 것처럼 남을 또 죽이지 말자

탈옥수로 마곡사에 숨어들어 머리를 깎은 것도
독립에 목말라 상동교회 주님께 엎드린 것도
조국을 위한 기도의 마지막 몸부림
영혼을 하늘에 매달았을 것이다

산문을 나서서 성전문을 열었던 선구자처럼
언젠가 나도 산사에서 슬그머니 교회로 왔다
신이 나를 부른 이유를 알았을 때
비밀의 방 열쇠가 내 손에 들려있었다

지금 아기예수 조국의 구유에 나신 것은
백범선생 통일을 향한 최후의 소원처럼
우리가 통일의 밀알이 되라는 뜻일 것이다
기쁜 성탄 주 예수님 오시옵소서

감이 익을 무렵

삼남을 유랑할 때 보았다
깊어가는 가을 햇살아래 나뭇잎은 지고
석양이 기울면 꽃처럼 타오르는 열매
붉은 감이 봄부터 지친 가지에 매달려
떨어지지 않으려 옆도 뒤도 안 보고
홍시 때까지 안간힘으로 버티고 있는
그 황홀하고 기분 좋은 풍경을
고추잠자리 날개보다 더 얇은 옷차림으로
기다림을 인내한 껍질을 벗겨내면
입 안 가득 쏟아져오는 농익은 입맞춤
그 다디달고 뭉클한 감촉

우리의 흙은 실과 까지도 맛이 있는가
도라지 더덕 인삼 같은 뿌리들
배추 상추 가지 오이 감자 고구마
뿌리 줄기 잎사귀 그리고 탐스런 열매들
그렇게 찰지게 맛있는 삶을 빼앗기고
때마다 거둬들여도 날마다 빼앗아간
왜인들아 너희는 원래 우리의 원수 였는가

남의 나라에서 단맛 없는 음식 먹으며
푸석하고 조금씩 모자라는 먹거리는
광복된 조국에 가면 금방 잊혀 질 텐데
아 다시 만날 붉은 그리움은 언제인가
오늘도 삼남에 익어갈 홍시를 생각하며
눈시울은 아직도 중국 땡감으로 남아서
까치밥 같은 내 조국 가을이 타오른다

아버지 무게

아버지는 껍질 이었습니다
얼굴도 마르고 근육도 줄어져서
두드려도 둥둥 북소리 나지 않았습니다
아버지는 언제나 뼈를 깎고 계시다가
어머니가 폭폭해서 앉아 울 때도
당신은 끙끙거리며 일어서야 했고
그럴 때마다 한 움큼씩 가벼워 지셨습니다

아들이 독립운동 하다가 감옥에 갇혔는데
당신 명을 줄여 아들에게 보태야겠다며
아버지는 조선의 묵은 뼈마디를 분질러
대한민국과 태극기를 위해 쓰라고
스물여섯 내 나이에 스물여섯 해를 더하고
아들 생명의 근원에 독립 생명까지 곱해서
고향 텃골 억새풀이 울부짖던 날
기도만 있는 나라로 떠나셨습니다

우리 아버지만 그러신 것이 아니라
이 땅에 아버지들은 다 그러셨습니다
나라 팔아서 제 욕심을 풍선처럼 부풀리던
지독한 매국노와 앞잡이들만 빼고는
향기롭고 무게 나가는 것들은 죄다
자식에게 쏟아놓고 빈 껍질로 떠나셨습니다
아버지가 계셨기에 저 김구가 있듯이
깃털처럼 가벼워지신 아버지들이 계시기에
이 나라에 별처럼 많은 투사 있음을 압니다

내 시는 신이 아니다

나는 신을 쓰는 게 아니다
수많은 죽을 고비를 넘기고
끝내 살아남아 조국의 독립을 마주한
태산 같은 독립투사를 쓰는 것이다

그의 오장육부는 공동묘지 였다
화경 은경 어린 딸을 가슴 벽에 묻더니
약혼녀 여옥과 아내를 허파 쪽에 나누어 묻고
이봉창 윤봉길 대장부를 콩팥 쪽에
광복을 코앞에 두고 젊은 투사였던 아들 인을
페니실린 한 병 못쓴 채 심장 한가운데 묻고
별처럼 반짝이던 동지들을 피돌기에 묻었다
사람들은 그를 애국의 신이라 했다
조금이라도 자기 생각에 빗나간 판단 결정
순간마다 되어져가는 일과 못 미친 일에
작은 실수마저 용납되지 않는 냉정한 잣대
사람으로서 깊은 고뇌와 눈물은 무시하고
그를 인간영웅 아닌 전설영웅으로 내몰았다
그가 일그러진 암살자의 흉탄에 떠난 뒤

정확하게 일 년 만에 동족 간 전쟁이 나서
망해야 할 일본은 제 세상처럼 활개를 쳤고
우리는 또 슬픈 역사로 무너져 내렸던 것은
평생애국자를 애정의 눈으로 감싸지 못하고
찌르고 때리고 할퀸 사람들의 잘못이고
그분을 우상으로 받든 사이비들의 오판이다

나는 신을 찾아 명시를 쓰려는 게 아니다
가장 인간적인 아픔과 도리를 갖추고
뚝심 센 분노로 나라만 걱정하다가
우리 곁을 떠난 사람 이야기를 쓰는 것이다

뱀 꽃

살모사 칠점사 화사 뱀꽃이 피었네
무궁화꽃 갉아먹는 독뱀이 기어가면
배정자 민족의 배신자여
하와를 유혹하던 두 갈래 빨간 혓바닥으로
이토의 수양딸 애첩 노리개였다가
열 번도 넘게 남자를 바꾸고 버리고 도려내고
늙은 마귀할멈이 되었어도 독니는 남아서
조국 여인을 물고 남양군도 일본군에게 뱉어놓던
용서에게서 너무 멀리 가버린 뱀꽃이여

능구렁이 불독사 유혈목이 섬뜩한 뱀꽃이네
어떻게 한 인간이 자기 나라에 단 한 가지도
도움을 못주고 역적질만 하다 갈수 있을까
김옥균의 하늘같은 은혜를 배반으로 갚고
덕수궁을 뻔질나게 드나들며 고종의 총애를 얻어
조정의 기밀을 적국에게 보내던 밀정
독립투사를 잡는데 사는 재미를 느꼈던
독사에 사람 껍데기만 얹어놓은 파충류였네

물뱀 집뱀 똬리 틀다 미쳐가던 뱀꽃이네
배분남 다야마데이꼬 일본에서 살다 죽어야지
중국과 한국을 휘둘러 몹쓸 짓만 하더니
오빠는 서울시장 동생은 경찰청장
조국의 운명은 뱀들 독니에 목을 물렸는가
김구선생 평생애국에 철저히 반대 일만 하다가
팔순이 넘어도 일본과 사내만 생각 하던
한국의 마타하리 요화 배정자여

내 손 잡아요

조국이 그대를 부릅니다
내 손을 꼬옥 잡아요
그리고 잡은 손 놓지말아요

내 손은 거룩한 손들과 맞잡아 있다오
독립삼남매 안중근 유관순 윤봉길
구국의 영웅 이순신과 장수 장병들
독립대명사 김구 안창호 김규식 많은 투사들
달이 된 논개와 별이 된 윤동주 이육사
권율 김시민 곽재우 의병 승병 높은 이름들
김좌진 최익현 이준 그리고 무명용사들
변덕현 조마리아 곽낙원 겨레의 어머니들
대한민국 건국훈장에 빛나는 사람들이
이미 내 손과 피로 맞닿아 있다오

조국이 그대를 부릅니다
내 손 놓으려면 지금 놓아요
그리고 조국의 손도 놓아요

그렇게 아무짝에도 쓸모없이 살다 가면
하늘에 가서 부끄러움 어떻게 감출 건가요
태극기에 새겨진 얼굴들을 아시나요
해마다 무궁화로 피는 모습들을 보았나요
애국가 속에서 나래짓하는 외로운 이름과
아리랑 가락에 녹아 흐르는 영혼들의 눈물
그 시퍼런 강물을 그냥 흘려보낼 건가요
돌아오소서 울부짖는 조국의 품으로
그곳이 우리가 가야할 마지막 길입니다

새해 첫날

와아 신난다 한살 더 먹었구나
또 한해를 죽지 않고 잘 살아왔구나
내가 바라던 노년을 저만큼 두고
한살만큼 어른 되어 어린애로 돌아가겠지

김구선생 73세까지 사셨는데
이제는 나도 몇 해 앞으로 당겨져
한살 더 먹을수록 가까워지는 기쁨
김구선생 중국에서 26번 새해를 맞으며
동지들과 눈물 떡국 드셨을 텐데
나는 조국 하늘 아래 새해 맞는 기쁨

선열들이 쫓기는 새해로 늙어갔기에
나는 떠오르는 태양을 바라볼 수 있나니
이 엄청난 축복을 누구와 함께 나누랴
우리의 후손 아니면 무슨 희망 있으랴

김구선생 나이까지 축복으로 가려면
아니 요즘 떠드는 백세인생 살려면
한해를 멀쩡히 살아있어야 하는 첫날
김구처럼 세월을 쪼개 쓰기 위하여
뜨거운 하루 진땀나는 시간을 보낼 것이다
내가 죽고 조국이 사는 세월 살 것이다

이렇게 신나는 한살 더 선물 받고도
늙어간다고 나이병 걸린 사람아
나와 함께 햇빛 시린 경교장에 가자
독립을 위해 통일을 위해 숨져간
영웅의 붉은 핏자국 눈물로 지우러 가자

연인

사랑은 하늘에 떠있고
이별은 강물로 흐르네

사랑하다 죽는 것이 연인이지요
그 사람 위하여 오직 웃어주고
근심으로 굽은 등짝 토닥거려 펴주며
마른 신발 신겨주는 것이 연인이지요

사랑은 멀리 있어도 손쉽게 가깝고
이별은 가까이 있어도 까마득 머네

당신은 여러 번 결혼할 기회가 있었지요
스승 고능선의 장손녀와 약혼 했지만
김치경의 훼방으로 파혼이 시작되어
글 가르쳐주며 장래를 약속했던 소녀
미혼의 처 여옥은 병으로 떠났고
안창호 동생 안신호 미인과도 결별하여
당신은 영원한 나의 연인이 되었지요

사랑은 그대 걱정으로 눈을 뜨고
이별은 그대 생각으로 잠이 드네

사랑마다 제각기 몫이 있는 것이라서
조국 독립을 위해 날마다 죽는 당신을
끝까지 보필 못하고 일찍 떠나지만
누군가 내 대신 당신을 지켜주리라

사랑은 밝은 눈빛으로 함께 하고
이별은 야윈 목소리로 남아 있네

도망자

나는 반백년의 도망자
그러나 조국 침략자를 쫓는 추적자

내 나라를 훔치는 도적떼에게 쫓겨
남의 나라 땅에서 도망치고 있지만
나는 맥없이 쫓기지는 않는다
침략의 정수리에 바람구멍 내기 위해
독립군 광복군 애국투사들과 함께
모래성 일지라도 옛 고구려성을 쌓는다

승리한다는 것은 살아남는 일이다
지독한 일경과 낭인 닌자를 피하고
앞잡이 매국노 암살자들을 따돌려
내 목에 걸린 태산 같은 현상금 사냥꾼과
배반자 밀정 간첩의 손길을 벗어나서
조국에 돌아가는 날까지 살아있어야 한다

나는 역사의 파도를 넘는 항해자
죽음의 먹구름을 뿌리치는 순례자
함께 거친 들판을 달려가는 동지여
오늘은 도망자지만 내일은 승리자
조국의 운명이 우리 어깨에 달려있나니
심장을 뜨겁게 달구며 가자
투지로 온몸을 불태우며 가자

샛별 위로 찬란한 태양이 솟을 때가지
먼저 떠난 영웅들 주검을 가슴에 안고
우리 모두 살아서 광복의 날 맞이하자

춘천역에서

나는 왜 이 도시만 오면 멀쩡하던 사랑이
거짓말처럼 이별로 잦아드는가
당신만 바라보다가 우산을 잃어버린 날
아물지 않은 첫사랑에 이별이 덧칠 되는
춘천역엔 찬비가 내리고 있었지
맨손으로 막을 수 없는 겨울비로
끈질기게 추적하는 옛사랑의 저주처럼
당신은 거짓 맹세로 떠나갔고
차창밖엔 삼일운동 100주년 플래카드
나의 조국도 슬픈 비에 젖고 있었지

기미년 삼월 하늘이 달아오를 때
중절모를 눌러 쓰고 상해로 갔던 김구
칼날의 역사 위에 임시정부가 세워지고
우산 없이 침략자의 비를 피하며
조국을 잃어버린 설움 달래주던 것은
언젠가는 만날 것이라는 아득한 희망

나 조국을 버리면 조국도 나를 뱉어내고
조국을 등지면 조국도 나를 차버릴 텐데
김구선생 통일을 위해 북에 가서
늙은 첫사랑 여인 안신호를 만났는데
당신 나를 잊으면 내가 어찌 기억할까
떠나는 당신을 그냥 보내는 내가 무섭다

우리 만남은 복권 당첨보다 어렵고
우리 사랑은 칠십억 분의 일 희귀사랑
아 나에게도 재회의 희망이 살아있을까
당신 떠난 춘천역은 세상의 종말처럼
어둠 속에서 검은 비로 흘러 내렸지

나의 조국 나의 연인

연인아
그리움을 말하면 하늘만큼
보고픔을 노래하면 땅만큼
간절함을 셈하면 바다만큼

내 마음은 날개 찢겨진 나비
바람을 탈 수 없는 슬픈 곤충
나는 늘 그대를 찾아 헤매지만
매양 잡히는 건 부스러진 뼛조각
그대 품속에서 포근히 잠이 들고
그대 품에서 깨어나고 싶어서
진종일 저능아처럼 허우적거리다
가슴팍까지 저려오는 진저리

그대는 내가 사랑하는 나의 조국
정녕 치질을 앓는 길 고양이인가
서먹사랑 주춤사랑 멈칫사랑
선뜻 나를 사랑하지 않는 냉장사랑에
뒤틀리는 발걸음 무릎까지 꺾여서
멍든 눈가로 부르트는 입술이지만

연인아
단 한 번의 따순 입맞춤만으로도
죽을 둥 살 둥 그대만을 사모하여
삼천송이 무궁화로 피어날 나의 영혼

끝나지 않은 노래
- 김구가 김규식에게

빼앗긴 나라 외교관에서 부통령까지
세상의 나이로 하면 서너 살 아우님이여
내가 경교장에서 암살자 흉탄에 먼저 떠나
별나라에서 기다리던 동지들 모두 모여서
마지막 남은 그대 통일을 응원하고 있는데
일 년 뒤 공산당에게 끌려가서 압록강까지
아, 눈보라치는 12월 별나라에 오셨는가
동족상잔으로 만포진에서 휘젓던 그대 찬 손
맞잡으러 은하나루까지 함께 나아갔었네

태극기 펼쳐들고 끝나지 않은 노랠 부르며
서러워도 자랑스러운 그대 부둥켜안고
우리의 꿈은 이렇게 무너져 내리는가
이 세상 진리와 정의는 어디에 있는가
이제 겉으로만 항복한 일본은 다시 침략하고
조국은 두 동강나서 통일은 까마득 멀 텐데
그대 오시던 날 별의 언덕 눈물에 잠겼다네

평생을 조국에 바친 석학 우사 김규식박사
8개 국어에 능통해 파리로 간 특급 외교전사
총탄이 빗발치는 전쟁터보다 더 숨 막히는
저 외교전선에서 독립을 구걸하던 식민지 슬픔
못난 내가 주석 그대가 부주석 뒤 바뀐 채
우리 사명은 나란히 조국에 돌아온 통일전사
그대 잡혀간 삼청장은 흔적도 없이 사라지고
부부 독립투사 업적마저 나중에야 열렸어도
그대와 나 하늘나라 노래는 끝나지 않았다네

웃는 조국

내가 살고 있는 조국
그 품에 살고 있는 사람아
웃고 살자

내가 죽어갈 조국
그 품에서 죽어갈 사람아
웃으며 죽자

조국이 있기에
나의 고난 나의 투쟁도
웃을 수 있어

누구든 갖고 있는 애국 인자
흔들어 깨워서
조국을 웃게 하자

꿈을 못 이루었어도
마침내 꿈을 이루었어도
언제나 웃는 조국

흙으로 빚은 밥

조국의 흙은 언제나 쌀밥처럼 찰졌다
일본인을 분노의 주먹으로 패서 쓰러트리고
그의 칼을 빼앗아 온 몸을 저미어
흐르는 피를 손바닥으로 받아먹고는
호통에 질린 밥집 주인이 내온 밥 일곱 그릇
큰 함지에 쏟아 붓고 쓱쓱 비벼서
숟가락 두개를 움켜쥐고 퍼먹은 장군의 식사
청년 김창수가 백범 김구로 가는 길목은
그렇게 피 묻은 밥숟갈로 시작 되었다

중국 대륙의 푸스스한 흙길을 헤매며
허기진 슬픔을 달래던 밥상에서
부슬부슬 모래알로 떨어지는 밥 속에
나그네의 눈물이 쌀뜨물처럼 깃들어
황토 빛 찰진 강산이 꿈속에 들이닥쳤다
밥 한 그릇 마음 놓고 먹을 수 없는
인생길은 왜 이렇게 멀기만 한 것이냐
앞이 보이지 않는 광복은 어디에 있는가

내 나라 내 고향 해주에 돌아가면
텃논에는 올벼 심고 천수답엔 밭벼 심고
왜인에게 빼앗긴 자광벼며 사래벼
맛있는 우리 볍씨 다시 찾아 심어야지
천 가지 넘는 조상들의 벼농사 품종을
남김없이 빼앗고 아끼바레 같은 일본벼
전 국토에 뿌려 입맛까지 앗아간 사람들아
태극기 휘날리고 무궁화꽃 피어나면
악하게 뿌린 씨앗 슬피 울며 거두리라

나 죽으면

평생을 나라사랑 하던 김구 죽으면
목숨처럼 아끼며 보듬던
대한민국 하나 죽어가겠고
온 나라가 슬픔으로 덮이겠지

나라사랑 조금만 하던 나 죽으면
열정으로 나를 살게 했던
또 대한민국 하나 죽어가겠고
작은 무리가 슬퍼해주겠지

조국과 아무 상관없던 너 죽으면
먼 산에 바람 불어가듯
대한민국 하나 죽어가겠지만
누구도 슬퍼하지 않을거야

조국의 해충 같은 그가 죽으면
이 땅에 태어났다는 이유 하나로
대한민국 하나 죽어가겠지만
모두 잘 죽었다고 춤을 출거야

다시 조롱을 박차고

친구여
새장에서 벗어나 창공을 날려면
한번 쯤 조롱을 박차고
한계를 뛰어넘어야 하는 걸 아시는가
사형선고를 받은 청년 김창수가
인천감옥을 탈출하여 김구가 된 사연
독립하려면 천민들도 애국심이 필요하여
백정과 범부를 합쳐 백범이 된 사연을

세상살이 등 굽은 친구여
자기만을 위해 살아온 세월 무겁다면
이웃도 돌아보고 나라도 챙겨보시게
김구선생 총칼을 공기인양 호흡할 적에
고통도 죽음도 지옥도 발아래 두고
살아서 광복 된 조국에 돌아온 것처럼
우리가 살아있는 오늘 우리가 사는 나라
무엇을 보태야 하는지를 생각해보시게

친구여 우리는 너무 멀리 왔는가
나와 내 것이라고 불리는 조롱에 갇혀
귀머거리 눈뜬장님 벙어리처럼 살면서
큰 산은커녕 숲도 못 보는 삶을 낭비하고
잘하는 사람 허리춤이나 끌어당기며
사팔눈 치뜬 꽈배기공장 공장장 이었다가
눈총 말총 손총 쏘는 슬픈 소총수라면
아, 조롱을 박차고 조국 품에 안겨보시게

훗날

머언 훗날 나 죽으면
사람들은 뭐라고 내 이야기를 전할까
조국독립을 위해 살다간 귓돌이라 할까
한평생 바보같이 살다간 나그네라 할까

자기들이 본대로 들은 대로 느낀 대로
어떤 이는 부정적 어떤 이는 긍정적
혀 가는대로 말하고 붓 가는대로 쓰겠지만
나는 이미 학자들의 비위를 맞추지 않는다

내가 운 좋아서 광복의 함성을 들었고
어쩌다 명 길어서 통일하자고 덤볐지만
나는 매일 넘어지고 밤낮으로 죽어가서
먼저 떠나는 동지들을 따라가고 싶었다

부모도 아내도 자식도 눈 뜨고 묻고
나와 임시정부를 구해준 젊은 여인도
이별의 강물에 눈 뜨고 흘려보내고
나만 쓸쓸히 반기지 않는 서해를 건넜다

나 죽은 머언 훗날
평화와 번영시대 사람들은 뭐라고 할까
옛날에 있었던 묵은 무용담이라 할까
왜 기억해야 하는지 귀찮은 일이라 할까

고난의 유익

너무 편하게만 살려 하지마라
고난이 유익이란 말이 진실이다
나는 고난을 짊어지고 살았다
사형수에서 탈옥수로 전국을 유랑하다
3.1운동을 동포들에게 맡기고
두만강을 넘고 서해바다 건너서
상해 임시정부 모퉁이 돌이 되었고
목에 거액의 현상금이 걸린 채로
오랜 세월 끝없는 도망자였고
끝내는 중국대륙의 떠돌이가 되었어도
나의 가슴은 늘 뜨거웠다
고난을 느낄 여유나 고독할 시간 없었다

조국이 아파 울 때 내 눈물 보태졌고
조국이 찔려갈 때 나는 총을 맞았다
아무리 헤쳐도 험한 가시밭길
갈수록 진창 속으로 빠져갔지만
나는 한 때도 멈추지 않았고
모진 고난 너럭바위처럼 견뎌냈기에
마침내 독립의 그날을 맞을 수 있었다

홍인종

새벽부터 저녁까지 마신 술로 노을 지고
낮술에 불콰한 사람들을 만날 때마다
섞여 사는 다른 인종처럼 보였는데
나도 한 때는 홍인종 이었다
마실수록 창백해지는 백인종이나
간덩이가 녹아서 새까만 흑인종
마침내 누렇게 떠버린 황인종도 있었고
나는 한잔만 마셔도 진달래꽃 얼굴
그 방면 최고 수준인 주선의 모습 이었다

그러나 멋있는 홍인종도 있었다
넓은 바다에서 고기 잡는 어부
논밭에서 어린 곡식들을 가꾸는 농부
땡볕에서 땀 흘려 일하는 사람들은
붉은 얼굴이 자연스러운 이웃 이었다

오래 전엔 거룩한 홍인종도 있었다
조국을 위해 전쟁터에서 싸웠던 선열들
독립을 위해 역사를 뛰어 넘은 투사들
옳음을 외치다 심장까지 붉어진 열사들
김구처럼 피로 얼굴을 적신 애국 홍인종

내가 어쩔 수 없는 홍인종이라면
아픈 조국에게 수혈하다 가슴까지 붉어진
거룩한 홍인종으로 분류되고 싶다
왜 얼굴이 날마다 단풍들었냐고 물으면
홍익인간인양 또 얼굴 붉히고 싶다

우물가에서

청대 숲에 이는 바람도
산마을 우물에 씻겨가는 곳

백범 김구는 중국 황량한 도시에서
우물은 쇠실마을 침략의 그늘에서
모진 세월 굳건히 견뎌내고
서럽도록 반갑게 보듬었을 것이다
우물은 맑은 샘물 한 모금 내어주고
나그네는 눈물 한 올 우물에 보태던 날
반백년을 휘감고 도는 만남의 노래

타국에 남은 마지막 연인 처녀뱃사공은
가흥강 눈먼 뱃길을 노 저어 갈 텐데
어느 세월을 거슬러 만날 날 있을까
밤에는 우물에도 강물에도
길고 긴 그리움의 별이 뜨리라
낮에는 절반으로 쪼개진 두 가슴처럼
머나먼 이별의 반달이 뜨리라

보성녹차밭 건너편 자동차 오솔길
작은 휴게소 모롱이를 꺾어들면
훨씬 가까워진 김구선생 은신마을에
옛날처럼 조용히 기다리고 있는 우물
빼앗긴 나라 찾으러 갔다가 돌아온
큰 사람 숨결처럼 샘솟고 있는데

하늘바라기로 찾아온 또 다른 나그네
애모하면서도 차마 다가설 수 없는
아픈 사랑 하나 샘물에 흘려보내고 있다

시인이 바람에게 전한 말

바람아 사랑하는 내 조국 바람아
동남쪽으로 내달리다가 후지산 만나면
내 말 그대로 바람연락병에게 전하렴

그러지 마라 일본 사람들아
정말 그러지 마라 야만의 후예들아
수많은 대한의 애국투사를 죽이고
수백만 흰옷 입은 백성들 학살하고
진귀한 보물은 죄다 강탈하여 가고도
침략의 망상 못 버린 신 정한론 자들아
독립삼남매 안중근 유관순 윤봉길과
이순신 김구 김규식 안창호 불굴의 정신
아직 우리 핏줄에 생생하게 흐르고
임시정부 선전포고가 온몸에 꽉차있나니
건들지 마라 날뛰지 마라 이젠 멈춰라

바람아 사랑하는 내 조국 바람아
서북쪽으로 내달리다 만리장성 만나면
내 말 그대로 바람연락병에게 전하렴

중국인이여 수천 년 동안 얽혀온 역사
전쟁도 하고 침략과 굴욕도 받았지만
독립투사와 임시정부 받아줌이 고마워
이젠 공산당 버리고 자유 민주로 가자
우리 고토 고구려 옛 땅을 돌려주고
남북통일을 진정으로 도와준다면
우리는 친구가 되어 동반 비상하리라

경교장에서

종로가 끝나는 곳에 큰 저택 하나 있었네
일본식 이름 죽첨장을 새롭게 바꿔
경구교에서 따온 임시정부 마지막 청사
김구선생 한 많은 인생을 떠나가던 집
27년간 조국을 버리고 중국을 떠돌며
섶에 누워 쓸개를 먹던 생채기 세월
고국에 돌아와 고단한 몸을 눕힘도 잠시
통일을 위해 마지막 투혼을 불태우던 곳
영웅은 그렇게 허무하게 죽는가
아니면 영웅이라서 죽음이 허무한가
창문엔 왕거미 두 마리가 붙어있는 듯
총탄이 뚫고나간 해바라기 문양 균열로
유월의 더운 바람이 삶을 지우는 시간
바닥에 나뒹구는 둥근테 안경에
독립과 통일의 핏물을 쏟아지고 있었다
준비된 살인 계획된 암살이 하필이면
배후를 밝힐 수 없는 소용돌이에 휘말려
양심고백 못하고 정의봉에 죽은 안두희여
존경하는 스승에게 겨누던 근거리 과녁에

손 떨림 없이 방아쇠 당겨지던가
스승은 조국을 위한 깊은 고뇌 속에서도
제자에게 차 한 잔 우려 주려고 했는데
너는 매국노보다 더 지독한 비겁자였다
너의 우렁단지보다 더 뒤틀린 정신병이
일 년 후 동족상잔을 부름을 알고 있는가
지금은 강북삼성병원 모퉁이 낯선 경교장
영웅의 체온을 찾아 기웃거리는 나그네
역사의 피맺힌 울음소리 듣고 있었다

당신은 우리 대통령입니다

흔들리지 마십시오
흔들리는 것은 가벼운 것들이라서
세상이 다 흔들려도 흔들리지 마십시오
당신은 이 나라 대통령이기 때문입니다

흔드는 사람들이 무수히 덤벼들어
필사적으로 장대를 휘둘러 후려치고
미친 듯이 낚시 바늘로 후벼 파겠지만
굳건히 대통령 시범을 보여야만 합니다

어차피 일본은 상대 못할 숙적이라면
중국 러시아는 우리의 열린 대륙 길
미국은 영원한 맹방이며 친구의 나라
좌익우익 진보보수도 끌어안고 가십시오

어차피 당신은 대통령으로 살다가
임기와 상관없이 대통령으로 죽을 텐데
평생 조국을 위해 목숨 걸었던 것처럼
조국의 머리카락 빠져도 머리통은 남아

매국노 밀정 친일파 뉘우치며 돌아오고
팔짱끼고 바라보던 얼치기도 합류하여
당신과 함께 충성한 수많은 동지들도
우리 대통령 만세를 불러 줄 것입니다

후대 대통령들께도 한 말씀 남기십시오
살려고 생각하면 대통령 하지 말아라
대통령 끝나도 대통령답게 죽어라
오직 조국 위한 대통령 되라하십시오

빛, 다시 돌아오다

광복의 날 고마운 날이여 오라
동해 맑은 물로 묵은 몸을 씻고
남해 뭇 섬으로 고운 옷 차려입고
서해 붉은 노을로 얼굴 치장하고
눈물조차 기쁜 날이여 어서 오라

칠십여년 전에 광복이 있었다
왜놈 게다짝 쪽발이들이 빼앗아간
서른여섯 개의 햇님을 돌려받고
개똥이 마저 금지 되었던 이름도 되찾고
세종대왕 기뻐하실 우리글도 돌아왔다

너무 오래서 눈까지 멀어버린 세월
너무 길어서 혼까지 잃어버린 역사
삼천리강산이 거대한 무덤이 되었고
방방곡곡이 철창에 싸인 감옥이었는데
문이 열리고 길이 놓이고 숨이 뚫렸다

광복은 왔지만 진정한 광복이 아니었다
한쪽 눈은 기쁘고 한쪽 눈은 슬픔이 깃들고
나라가 갈라지고 이념이 다른 욕심이
우리 팔 다리를 붙들고 있는 강한 나라가
초등수준 광복만을 이름표로 달아주었다

광복의 날 겸손의 날이여 다시 오라
독립을 위해 목숨바친 순국영웅들
광복을 위해 밤하늘 별이 된 독립투사들
불타오르던 나라사랑 영원히 사모하며
젊은 광복 새 빛이여 다시 오라

겨레시인 성재경 다섯번째 애국시

민족의 영원한 지도자
백범
김구

1쇄발행 2019년 10월 5일

지은이 성재경
펴낸이 정수연
펴낸곳 도서출판 여름
등록 제1998년 9월 2일(제2-2626호)
주소 서울 중구 을지로 20길 32-16
전화 02-2278-6990
E-mail design6990@naver.com

ISBN 978-89-92612-43-2 03800

값 12,000원